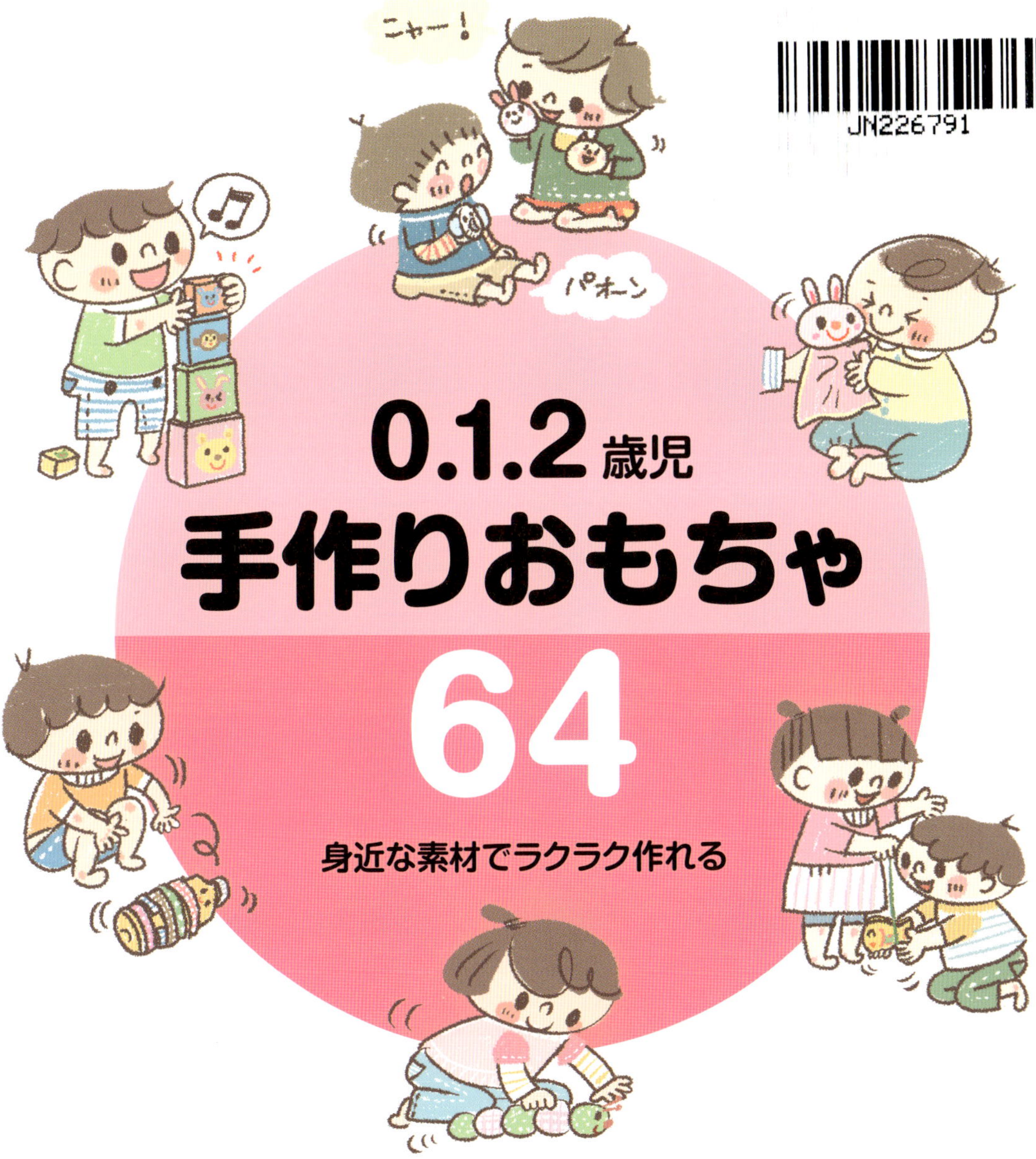

0.1.2歳児
手作りおもちゃ 64

身近な素材でラクラク作れる

「あそびと環境0.1.2歳」編集部・リボングラス／編著

この本は「あそびと環境0.1.2歳」2012年4月号から2014年3月号までの連載に加筆・再編成したものです。

CONTENTS & SEARCH

それぞれのおもちゃの対象年齢やあそびの種類から逆引きできる索引付きです。

既製品で作るおもちゃ

ページ	おもちゃ	0歳児	1歳児	2歳児	追視	感触	音	粗大	操作	構成	認識	みたてつもり	ごっこ
p.6	ニワトリとヒヨコ	●	●		●	●				●			
p.8	まんまるさん	●	●	●		●				●			
p.9	引っ張ってするする	●	●		●				●				
p.10	動物さんパペット	●	●			●						●	
p.12	ヤドカリさん	●	●	●	●	●					●		
p.14	いろいろ輪っか	●	●	●		●			●		●		
p.15	引っ張りバトン		●	●				●					
p.16	起き上がり水鳥	●	●		●		●			●			
p.18	ポットン落とし		●	●					●		●		
p.19	いない いない ばあ人形	●	●	●	●							●	
p.20	ゾウさんの大好きリング	●	●			●			●				
p.21	ぺたぺたタペストリー		●	●		●		●		●	●		
p.22	動物さん人形	●	●	●		●						●	●
p.24	くっつくおしゃれさん		●	●		●			●	●		●	
p.25	カラコロシーソー	●	●		●		●		●				
p.26	ふわふわボール	●	●			●		●					
p.27	コロコロバー	●	●		●			●				●	
p.28	おしゃれイモムシさん		●	●		●			●	●			
p.29	びよよ〜んマラカス	●	●			●	●						
p.30	食いしんぼう動物		●	●					●		●	●	
p.31	ふわふわ魚釣り		●	●					●			●	
p.32	柔らかパズル		●	●		●			●	●	●		
p.34	イモ掘りボックス		●	●		●		●	●			●	●

リサイクル素材で作るおもちゃ

ページ	おもちゃ	0歳児	1歳児	2歳児	追視	感触	音	粗大	操作	構成	認識	みたてつもり	ごっこ
p.36	動物さんの起き上がりこぼし	●	●		●		●						
p.38	シャラシャラチョウのメリー	●			●		●						
p.39	カシャカシャシート	●	●			●	●						
p.40	ころりん筒	●	●		●		●	●					
p.42	ぽっとんカンカン		●	●			●		●				
p.43	コロコロペット	●	●					●				●	

ページ	タイトル	0歳児	1歳児	2歳児	追視	感触	音	粗大	操作	構成	認識	みたて つもり	ごっこ
p.44	虫さんとり	●	●	●		●							
p.46	ポコポコウォーター缶	●	●	●			●						
p.47	ころころボトル	●	●	●	●		●						
p.48	ボールチューブ	●	●	●	●				●		●		
p.50	コロコロ玉転がし	●	●	●				●					
p.51	カラフルのれん		●	●					●		●		
p.52	くるりんリング	●	●	●					●				
p.54	ひらひら赤トンボ	●	●	●	●								
p.55	ぱっと咲くフラワー	●	●	●	●								
p.56	開け閉めくるくる	●	●	●					●				
p.58	パタパタボックス	●	●	●					●				
p.59	こんにちはドア	●	●	●					●				
p.60	パカッとボックス	●	●	●					●				
p.62	ループボックス	●	●	●					●		●		
p.63	果物マラカス	●	●	●			●						
p.64	カラフル紙しん	●	●	●	●					●			
p.66	引っ張りくるくる	●	●	●					●		●		
p.68	くるくるお魚	●	●	●				●					
p.69	巻き巻きおもちゃ	●	●	●									●
p.70	ぱくぱく！ 動物さん積み木	●	●	●				●		●	●	●	
p.72	マイ・スクーター		●	●				●				●	
p.74	のびのびさん		●	●				●	●				
p.75	カップのひも通し		●	●					●				
p.76	トントンとんかち		●	●					●		●		
p.78	ぱたぱたさん		●	●					●			●	
p.80	パクパクちゃん		●	●					●			●	
p.82	ファスナーちゃん		●	●					●			●	
p.83	くっつくお魚		●	●		●					●		
p.84	ジャンボ転がし		●	●				●					
p.86	動物さんスティック		●	●					●		●	●	
p.88	お弁当並べ		●	●						●	●	●	●
p.90	段々ボックス		●	●						●	●		
p.92	ぴったりパズル		●	●						●	●		●
p.94	お散歩ペットくん		●	●	●			●			●	●	
p.96	重ねっこ動物		●	●					●	●	●	●	

p.97 便利に使える型紙

この本の使い方

0歳児　1歳児　2歳児

追視　感触　操作　認識

既製品で作るおもちゃ

化粧用パフ

●化粧用パフで優しい肌触り

まんまるさん

まんまるの形がかわいい動物さんたち。
化粧用のパフで作っているので、柔らかくて気持ちいい肌触りです。
小さな子どもたちとのふれあいあそびでも活躍しそうですね。

ネコ　イヌ　クマ

手にはめて、子どもに話しかけましょう。ほっぺにチュッとしたり、すりすりしてあそびます。

パフの裏側には、手を入れて使えるようにリボンやポケットが付いているので、持ちやすくて便利です。

あそびプラス1　お話あそびに

耳の形を変えてウサギやサル、ゾウもプラス。2歳児なら、子どもたちが手にはめてお話あそびを楽しめます。

8

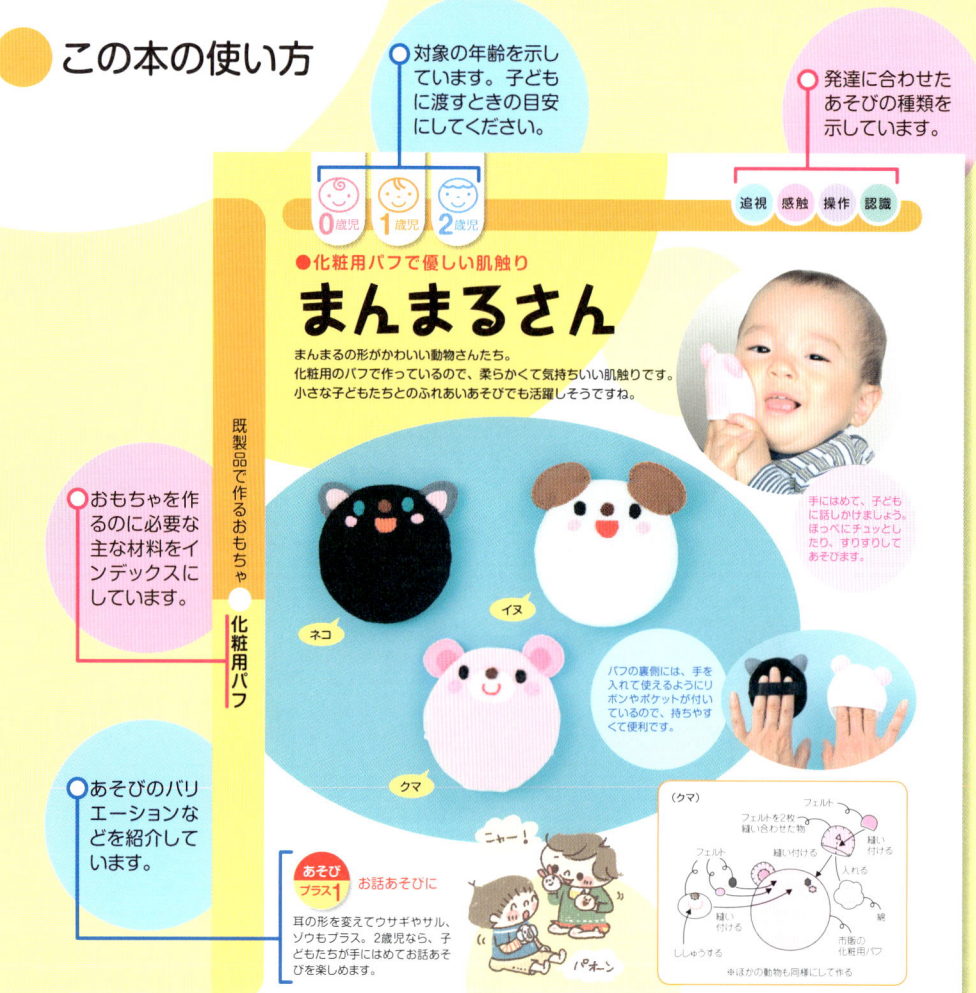

- 対象の年齢を示しています。子どもに渡すときの目安にしてください。
- 発達に合わせたあそびの種類を示しています。
- おもちゃを作るのに必要な主な材料をインデックスにしています。
- あそびのバリエーションなどを紹介しています。

あそびの種類

追視	追視を促すあそび	粗大	粗大あそび 全身を動かしてあそぶあそびです。	認識	認識を高めるあそび
感触	感触を楽しむあそび	操作	手指や腕の動きを高めるあそび	みたてつもり	みたて･つもりを楽しむあそび
音	音を楽しむあそび	構成	構成あそび 並べたり、積んだりするあそびです。	ごっこ	ごっこあそび

※おもちゃを使うときには、壊れていないか使用前に点検し、誤飲や転倒、ひもの引っ掛かりなどがないよう、安全に留意して見守りながらあそんでください。

既製品で作るおもちゃ

● ソックスの形を生かして

ニワトリとヒヨコ

子ども用のソックスに綿を詰めて、縫い閉じた簡単ぬいぐるみです。
ふんわりとしたニワトリとヒヨコは、優しい触り心地と、
ころんとした愛らしい形が特徴です。

ヒヨコは7〜9cmのベビーソックス、ニワトリは9〜14cmの子ども用ソックスで作りました。

既製品で作るおもちゃ　ソックス

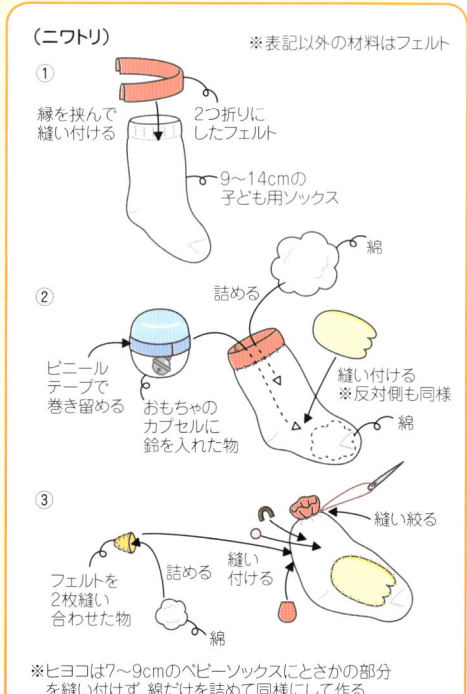

〔ニワトリ〕　※表記以外の材料はフェルト

① 縁を挟んで縫い付ける／2つ折りにしたフェルト／9〜14cmの子ども用ソックス

② 綿／詰める／縫い付ける　※反対側も同様／綿／ビニールテープで巻き留める／おもちゃのカプセルに鈴を入れた物

③ 縫い絞る／フェルトを2枚縫い合わせた物／詰める／縫い付ける／綿

※ヒヨコは7〜9cmのベビーソックスにとさかの部分を縫い付けず、綿だけを詰めて同様にして作る

追視　感触　操作　認識

● 化粧用パフで優しい肌触り
まんまるさん

まんまるの形がかわいい動物さんたち。
化粧用のパフで作っているので、柔らかくて気持ちいい肌触りです。
小さな子どもたちとのふれあいあそびでも活躍しそうですね。

既製品で作るおもちゃ ● 化粧用パフ

手にはめて、子どもに話しかけましょう。ほっぺにチュッとしたり、すりすりしてあそびます。

パフの裏側には、手を入れて使えるようにリボンやポケットが付いているので、持ちやすくて便利です。

 あそびプラス1　お話あそびに

耳の形を変えてウサギやサル、ゾウもプラス。2歳児なら、子どもたちが手にはめてお話あそびを楽しめます。

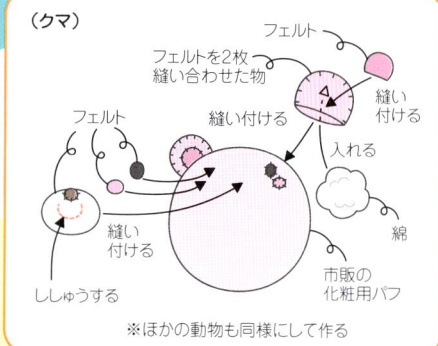

（クマ）
フェルト／フェルトを2枚縫い合わせた物／縫い付ける／フェルト／縫い付ける／入れる／綿／縫い付ける／ししゅうする／市販の化粧用パフ

※ほかの動物も同様にして作る

追視 感触 操作

●メジャーの自動巻き取りが楽しい

引っ張ってするする

メジャーが、楽しいおもちゃに早変わり。
子どもがイヌやチョウを引っ張って、保育者が本体のボタンを押せば、
イヌはおうちに、チョウは花へとするする戻ります。

中心のボタンを押すと自動で巻き取るタイプの布製のメジャーを使います。引っ張るとカチャカチャと音がする物だと、より楽しいでしょう。

既製品で作るおもちゃ ● メジャー

型紙 p.97

あそびプラス1 壁に掛けて飾って

壁面のフックなどに掛けておけば、お部屋のかわいい装飾にもなります。保育者がだっこして引っ張って見せると、なんだろうと手を伸ばします。

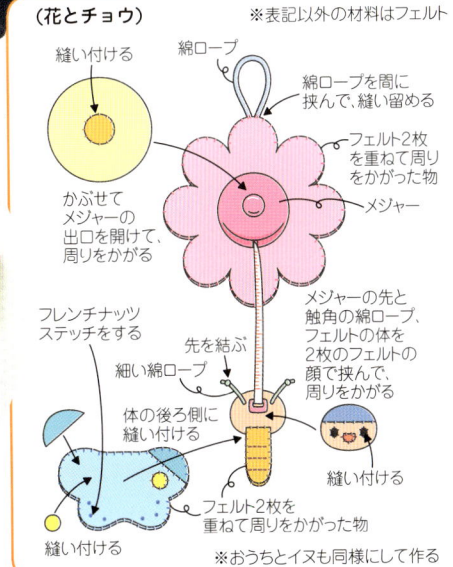

（花とチョウ） ※表記以外の材料はフェルト

- 縫い付ける
- 綿ロープ
- 綿ロープを間に挟んで、縫い留める
- フェルト2枚を重ねて周りをかがった物
- かぶせてメジャーの出口を開けて、周りをかがる
- メジャー
- フレンチナッツステッチをする
- 細い綿ロープ
- メジャーの先と触角の綿ロープ、フェルトの体を2枚のフェルトの顔で挟んで、周りをかがる
- 先を結ぶ
- 体の後ろ側に縫い付ける
- 縫い付ける
- 縫い付ける
- フェルト2枚を重ねて周りをかがった物

※おうちとイヌも同様にして作る

0歳児　1歳児　2歳児

●タオルハンカチでポーズいろいろ

動物さんパペット

タオルハンカチにフェルトで作った動物の顔を付けた、簡単パペットです。輪にした平ゴムを縫い付けて動かしやすくしました。触り心地のよい物を選んで作るといいですね。

タオルハンカチの上辺の両角と中央のやや下めに輪にした平ゴムを縫い付けます。

パペットをてのひら側に付けると、立ち上がった姿の動物になります。

顔の向きを変え、パペットを手の甲側に付けて四つ足ポーズ。

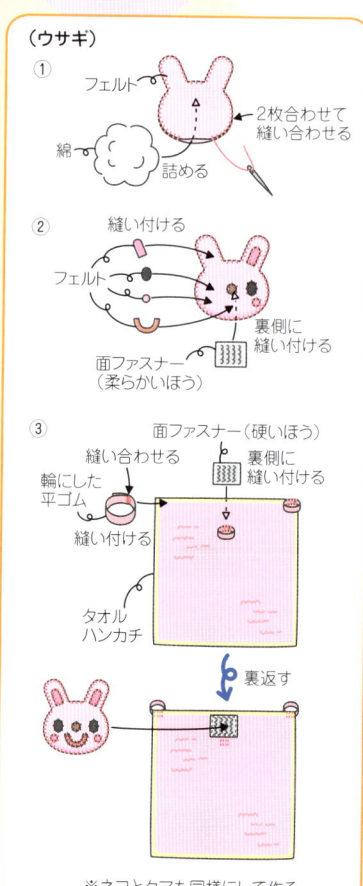

（ウサギ）

① フェルト／綿／2枚合わせて縫い合わせる／詰める

② 縫い付ける／フェルト／裏側に縫い付ける／面ファスナー（柔らかいほう）

③ 面ファスナー（硬いほう）／縫い合わせる／裏側に縫い付ける／輪にした平ゴム／縫い付ける／タオルハンカチ／裏返す

※ネコとクマも同様にして作る

既製品で作るおもちゃ　●タオルハンカチ

感触 操作 認識 みたて つもり

タオルハンカチと動物の顔の裏には、面ファスナーの硬いほうと柔らかいほうをそれぞれ縫い付け、使い方に合わせて顔の向きを付け替えられるようにしました。

既製品で作るおもちゃ
タオルハンカチ

ウサギ
型紙 p.98
ネコ
クマ

あそびプラス1

保育者がはめてあそびに活用

保育者が使って見せるパペットとして、0〜2歳児のどのクラスでも楽しめます。0歳児なら、ふれあいあそび歌などをうたいながら、保育者が手にはめたパペットで子どもの鼻やほおを触ったり、握手したりしてあそびましょう。1〜2歳児ならちょっとしたストーリーや、言葉のやり取りを楽しんであそべます。

● ソックスでかくれんぼ上手の
ヤドカリさん

棒を押したり、引いたりすると、ヤドカリが貝殻から顔を出したり、隠れたりするおもちゃです。円すい形の厚紙に子ども用ソックスをかぶせて、簡単に作れます。

既製品で作るおもちゃ　ソックス

ちょこっと顔をのぞかせたり、ぐいっと押して体全体を出したり。棒の押し加減で表情が変わります。

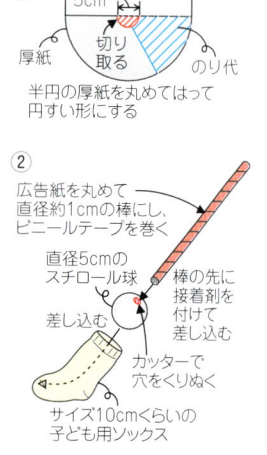

① 厚紙／切り取る／のり代
半円の厚紙を丸めてはって円すい形にする

② 広告紙を丸めて直径約1cmの棒にし、ビニールテープを巻く
直径5cmのスチロール球／差し込む／棒の先に接着剤を付けて差し込む／カッターで穴をくりぬく
サイズ10cmくらいの子ども用ソックス
※スチロール球や布の接着には多用途接着剤を使う

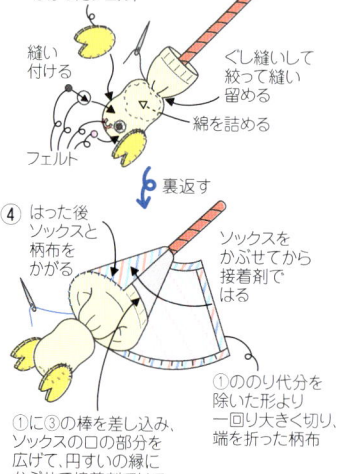

③ 2枚合わせにして周りをかがったフェルト
縫い付ける／ぐし縫いして絞って縫い留める／綿を詰める／フェルト／裏返す

④ はった後ソックスと柄布をかがる
ソックスをかぶせてから接着剤ではる
①に③の棒を差し込み、ソックスの口の部分を広げて、円すいの縁にかぶせて接着剤ではる
①ののり代分を除いた形より一回り大きく切り、端を折った柄布

あそびプラス1　保育者が見せて

0歳児なら、保育者が棒を操作して子どもに見せます。「いない　いない」でヤドカリを円すいの中に引っ込め、「ばあ!」で顔を出す、いない　いない　ばあのあそびをすると、子どもも興味を示して手を伸ばしてきます。1歳児なら自分で押したり引いたりして、あそびます。

追視 感触 操作

既製品で作るおもちゃ **ソックス**

保育者の言葉かけに手を伸ばしました。

感触　認識　みたてつもり

● ホースや綿ロープなどでたくさん作る

いろいろ輪っか

ホースや綿ロープなどで大小さまざまな輪を作りました。大きさや手触り、質感の違いを感じるとともに、いろいろな物にみたてて、あそびを盛り上げる材料にしてみてください。

既製品で作るおもちゃ　ホース・綿ロープ

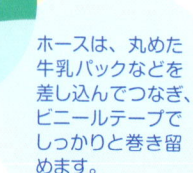

ホースは、丸めた牛乳パックなどを差し込んでつなぎ、ビニールテープでしっかりと巻き留めます。

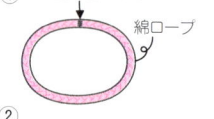

（綿ロープの輪っか）
① 縫い合わせる　綿ロープ
② 縫い留める　フェルト　巻く

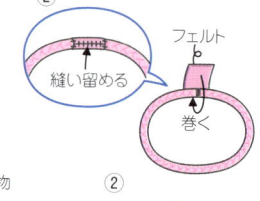

（広告紙の輪っか）
① 広告紙を巻いた物　矢印のように上下からと左右から交互に指でつぶしていく
② セロハンテープで巻き留める
輪にする

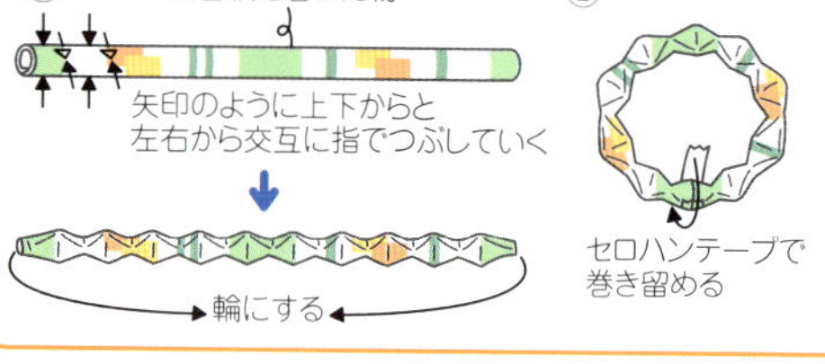

あそびプラス1　ドーナツ屋さんを開いて

保育者が輪っかを並べ、子どもたちが「なんだろう？」と近づいてきたら、「ドーナツ屋さんです。どれが欲しいですか？」などと、声をかけてみましょう。色から連想する味を伝えたり、「大きいのもお勧めですよ～」など、輪っかの大きさでやり取りするのも楽しいでしょう。

`感触` `粗大` `操作`

●いすの脚カバーでカンタン
引っ張りバトン

ラップなどの紙しんに柔らかな布を通し、両端にいすの脚カバーに綿を詰めて作ったボールを縫い付けました。布が紙しんをシューッと通る感触が楽しいおもちゃです。

既製品で作るおもちゃ ● いすの脚カバー

あそびプラス1 子どもの行為を一緒に喜んで

はじめは保育者が紙しんを持ってボールの部分を子どもが握るように誘います。子どもがボール部分を持ち、布が出てくることで因果関係を理解します。子どもが引っ張るときに「シュー」などと声をかけると、引っ張る意欲が育ちます。布が出てきたら、「出てきたね〜」と子どものしたことを一緒に喜びましょう。

引っ張って歩いて

歩行が安定してくると、ボール部分を持って、引いてあそぶことも楽しみます。1歳2か月ころになると、自分の引いている物を振り返って確認しながら歩くこともできます。

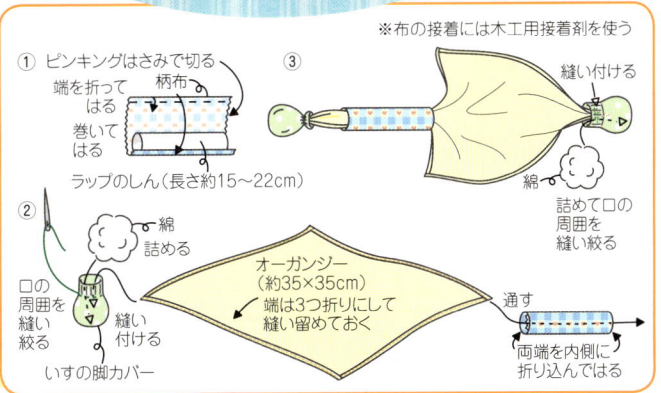

※布の接着には木工用接着剤を使う

① ピンキングはさみで切る / 端を折ってはる / 柄布 / 巻いてはる / ラップのしん（長さ約15〜22cm）

② 綿詰める / 口の周囲を縫い絞る / 縫い付ける / いすの脚カバー

③ 縫い付ける / 綿 / 詰めて口の周囲を縫い絞る / オーガンジー（約35×35cm）端は3つ折りにして縫い留めておく / 通す / 両端を内側に折り込んではる

●ソックスに球や缶を入れて作る

起き上がり水鳥

触ると左右にゆらゆらと揺れる起き上がりこぼしの水鳥親子。面ファスナーで1列につないだり、ひもを付けて引っ張ったり、年齢に合わせて、いろいろなあそび方が楽しめます。

親鳥は、茶筒と直径7cmのスチロール球、大人用ソックスで作ります。0歳児が抱きかかえられる大きさです。

既製品で作るおもちゃ ● ソックス

あそびプラス1

ゆらゆら揺らして
最初は、保育者が子どもの前で揺らして見せましょう。なんだろうと手を伸ばし、子どもが自分でも触ってあそびます。

引っ張るあそびに
あんよが大好きなころ、親鳥の首にひもを付けて、引っ張りおもちゃに。水鳥親子をつなげて、一緒にお散歩を楽しみます。

感触　音　粗大　操作　構成　みたてつもり

子どもの鳥は、190gのスチールの空き缶、直径5cmのスチロール球、9〜14cmの子ども用ソックスで作ります。

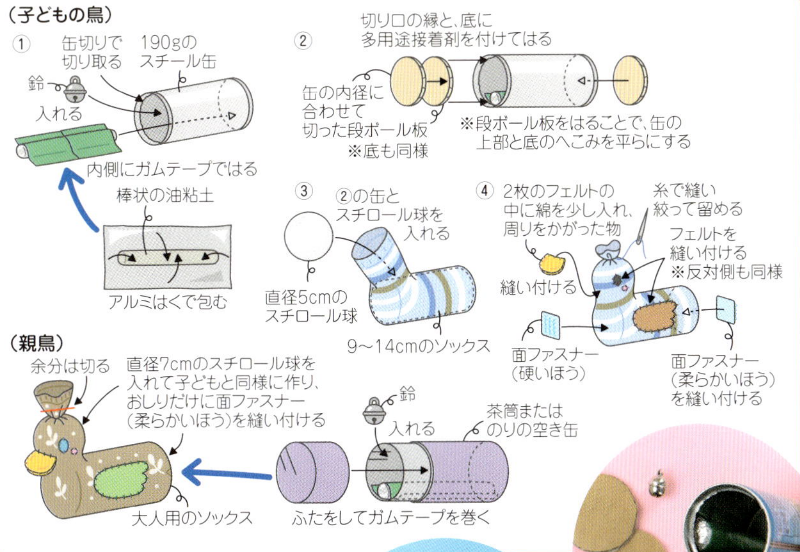

（子どもの鳥）

① 缶切りで切り取る　190gのスチール缶
鈴入れる
内側にガムテープではる
棒状の油粘土
アルミはくで包む

② 切り口の縁と、底に多用途接着剤を付けてはる
缶の内径に合わせて切った段ボール板
※底も同様
※段ボール板をはることで、缶の上部と底のへこみを平らにする

③ ②の缶とスチロール球を入れる
直径5cmのスチロール球
9〜14cmのソックス

④ 2枚のフェルトの中に綿を少し入れ、周りをかがった物
糸で縫い絞って留める
フェルトを縫い付ける
※反対側も同様
縫い付ける
面ファスナー（硬いほう）
面ファスナー（柔らかいほう）を縫い付ける

（親鳥）

余分は切る
直径7cmのスチロール球を入れて子どもと同様に作り、おしりだけに面ファスナー（柔らかいほう）を縫い付ける
大人用のソックス
鈴入れる
茶筒またはのりの空き缶
ふたをしてガムテープを巻く

面ファスナーは鳥のおしりに柔らかいほうを、胸に硬いほうを縫い付けます。

空き缶の上部を缶切りで切り取り、中に油粘土のおもりと鈴を入れて、段ボール板でふたをします。

既製品で作るおもちゃ　ソックス

操作　認識

●透明な密閉容器で中身が見える
ポットン落とし

市販のふた付きの透明な密閉容器を使ったポットン落とし。落とした中身が見えるので楽しくあそべます。型紙を使って、カードをたくさん用意できるといいですね。

既製品で作るおもちゃ　密閉容器

カードを差し込むあそびはみんな大好き！手が思うように動かせるようになるころから夢中になります。

型紙
p.98～99

カードはカラー工作紙を外表に2枚はり合わせ、絵をはってからブックカバーで覆い、丈夫に作ります。

あそびプラス1　マッチングあそびに

ポットン落としの型紙をコピーした物に色を塗り、切らずにそのまま厚紙にはってボードにします。2歳児なら同じ絵の所にカードを置いていく、マッチングあそびが楽しめます。

（容器）

6cmの長さに切り取る

市販の密閉容器

ビニールテープ　巻いてはる

（カード）はり合わせる

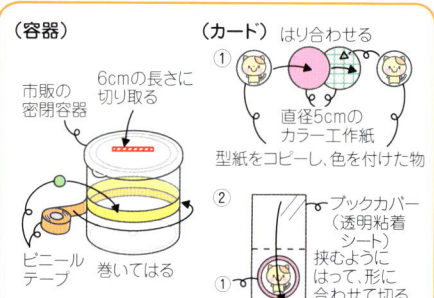

① 直径5cmのカラー工作紙　型紙をコピーし、色を付けた物

② ブックカバー（透明粘着シート）　挟むようにはって、形に合わせて切る

追視　感触　操作

● ソックスに入れて
いない いない ばあ人形

穴の中にかくれんぼしているのは、だあれ？
ひもを引っ張って引き出すと、ウサギやモグラが顔を出します。
ソックスを使って簡単に作れるおもちゃです。

モグラ　ウサギ

ひもをつまんで人形を引っ張り出します。

半分に切ったペットボトルの中に、モグラやウサギを押し込んで隠し、いない いない……。
ひもは引っ張りやすいように輪にして縫い込みます。

既製品で作るおもちゃ　ソックス

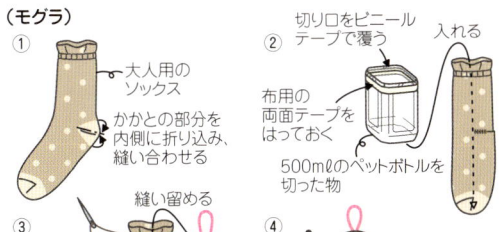

（モグラ）
① 大人用のソックス／かかとの部分を内側に折り込み、縫い合わせる
② 切り口をビニールテープで覆う／布用の両面テープをはっておく／500mlのペットボトルを切った物／入れる
③ 縫い留める／周囲を縫って余分を内側に折り込みながら縫い絞る／カラーゴム
④ 縫い付ける／※表記以外の材料はフェルト／※ウサギも同様にして作り、フェルトの耳を縫い付ける

あそびプラス1　引っ張りあそびに

10か月くらいになると、自由に手が使えるようになり、子どもはいろいろな物を出すようになります。外に出すことを楽しむだけでなく、保育者が「ばあ〜」という声を添えることで、よりあそびが楽しくなります。

一緒に見て楽しんで

子どもが興味をもって見ている物を、一緒に見て声をかける『共同注意』を促すかかわりは、コミュニケーションの力や言葉の発達に欠かせない大切なあそびです。

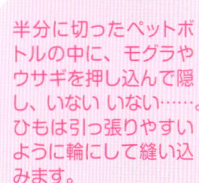

0歳児 1歳児

追視　感触　操作

●パイルリングの伸縮性を生かして

ゾウさんの大好きリング

ゾウさんの長～い鼻にカラフルなパイルリングを通して、外したり、はめたりする、リング通しです。髪留めなどに使うパイルリングの程よい伸縮性が、あそびのポイントです。

反対側も同様に、耳と目、口を付け、左右どちら向きでもあそべるようにします。

既製品で作るおもちゃ　パイルリング

型紙
p.99

リングを鼻にはめたり、外したりのあそびを根気よく繰り返します。

あそびプラス1　ごっこあそびふうに

0歳児はリングを外すあそびが大好き。全部外して、保育者にはめてとせがみます。1歳児なら、リングをたくさん床に置いて、保育者がゾウを持って「どこかにきれいな輪っかはないかな～。だれかはめてくれないかな～?」などと話しかけると、次々にはめてくれるでしょう。

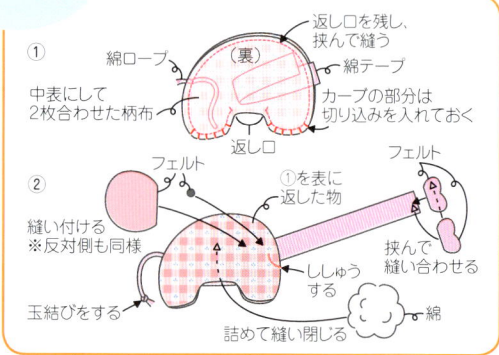

① 返し口を残し、挟んで縫う
綿ロープ
（裏）
綿テープ
中表にして2枚合わせた柄布
カーブの部分は切り込みを入れておく
返し口

② ①を表に返した物
フェルト　フェルト
縫い付ける
※反対側も同様
玉結びをする
ししゅうする
詰めて縫い閉じる
挟んで縫い合わせる
綿

感触　粗大　操作　認識

● スポンジが布に付くことを利用して
ぺたぺたタペストリー

硬い素材のスポンジが、フリース地など、けばだった布地にくっつく性質を利用したおもちゃです。
スポンジは、はさみで切れるので簡単です。
シンプルな形で作るのがポイント。

子どもが立った高さに調節して用意すると、タペストリーに付いている物に興味を示し、立った姿勢のまま集中してあそべます。タペストリーは外れないように、しっかり固定し、立位がまだ不安定な子は、そばで見守りましょう。

なべのコゲなどの頑固な汚れを落とすのに使う、少し硬い不織布タイプのスポンジを使います。さまざまな色があります。

既製品で作るおもちゃ ● スポンジ

型紙 p.100

あそびプラス1　子どものイメージを広げて

「ネコちゃんがあそびにきたよ。ニャアニャア」などとお話ししながら、タペストリーにはっていきましょう。丸や四角などの形も保育者が何かにみたてることによって、子どものイメージが広がります。

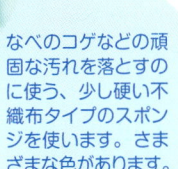

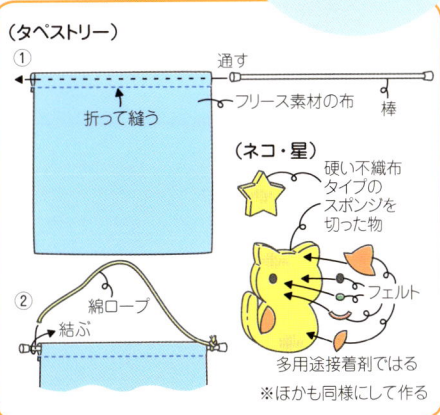

（タペストリー）
① 通す　フリース素材の布　棒　折って縫う
② 綿ロープ　結ぶ

（ネコ・星）
硬い不織布タイプのスポンジを切った物
フェルト
多用途接着剤ではる
※ほかも同様にして作る

● テーブル・いすの脚カバーでぴったりフィット

動物さん人形

テーブルやいすの脚にはめて使う市販のカバーに、フェルトで顔や耳、しっぽなどを付けて動物にした、手早く簡単に作れる指人形です。伸縮自在の素材なので、小さな子どもたちの手にもぴったりとフィットします。

既製品で作るおもちゃ

テーブル・いすの脚カバー

ブタ イヌ サル キリン クマ リス カエル ウサギ

あそびプラス1　子どもを誘う人形に

いやいや期の子どもたちに話しかけるときにも、人形を使って話しかけると気分が変わっていいでしょう。小さいのでポケットに入れておくと、いつでもさっと取り出せて便利です。

感触　操作

●ソックスの人形にくっつけて
くっつくおしゃれさん

ソックスをかぶせて作った人形に、ボタンや面ファスナーで葉っぱやお花を付けてあそびます。
立たせることができるので、胴体を持ってゆっくりと動かしながら、子どもたちとおしゃべりも楽しめます。

既製品で作るおもちゃ　●ソックス

あそびプラス1　最初は外すあそびから

0歳ころには、面ファスナーでくっついた葉っぱや花を引っ張って外すあそびを楽しみます。何度も繰り返すうちに、今度はくっつけることもするようになります。

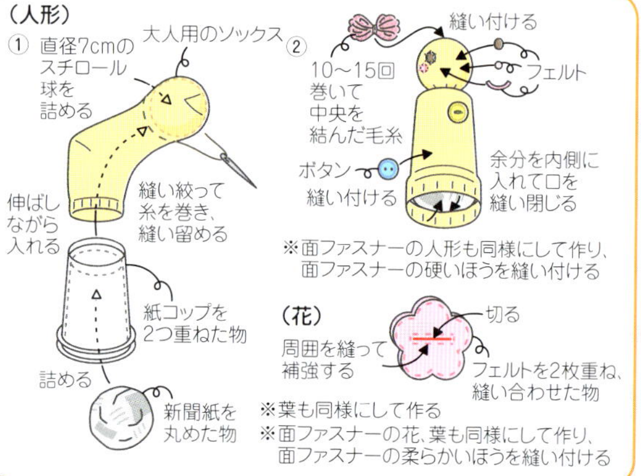

ボタンホールは、切り込んだ周囲を縫って補強します。面ファスナーの硬いほうは服などに付いてしまうこともあるので、人形に硬いほうを、葉っぱや花に柔らかいほうを縫い付けましょう。

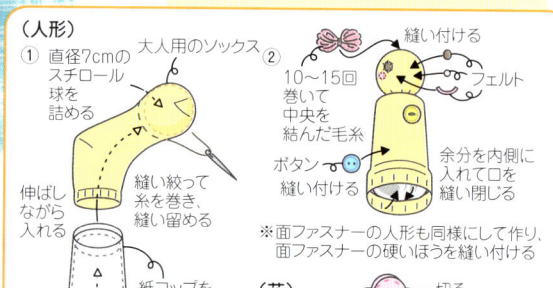

〈人形〉
① 直径7cmのスチロール球を詰める
　大人用のソックス
　伸ばしながら入れる
　縫い絞って糸を巻き、縫い留める
　紙コップを2つ重ねた物
　新聞紙を丸めた物
② 10～15回巻いて中央を結んだ毛糸
　縫い付ける
　フェルト
　ボタン縫い付ける
　余分を内側に入れて口を縫い閉じる

※面ファスナーの人形も同様にして作り、面ファスナーの硬いほうを縫い付ける

〈花〉
周囲を縫って補強する
切る
フェルトを2枚重ね、縫い合わせた物

※葉も同様にして作る
※面ファスナーの花、葉も同様にして作り、面ファスナーの柔らかいほうを縫い付ける

追視　音　操作

●ホースにペットボトルをつないで
カラコロシーソー

2つのペットボトルを透明なホースでつなぎました。振って鳴る音を楽しんだり、中に入れたドングリやビーズを左へ右へ交互に移したりして、その動きを楽しみます。

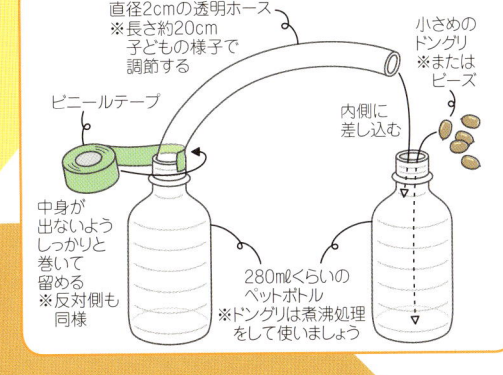

- 直径2cmの透明ホース
  ※長さ約20cm　子どもの様子で調節する
- 小さめのドングリ　※またはビーズ
- ビニールテープ
- 内側に差し込む
- 中身が出ないようしっかりと巻いて留める　※反対側も同様
- 280mlくらいのペットボトル　※ドングリは煮沸処理をして使いましょう

既製品で作るおもちゃ ● ホース

ドングリやカラフルなビーズは、ペットボトルの口やホースの中をスムーズに動くよう、小さめの物を選びます。

2つのペットボトルを交互に上下させてシーソーのように動かしながら、ドングリの動きを楽しみます。

25

  0歳児 1歳児　　　　感触　操作

● スポンジを切り込んで
ふわふわボール

スポンジで作ったボールは、握りやすく、当たっても痛くないので安心です。握った物を放したり、てのひらや手首、腕を使って投げたりが大好きになったころが出番です。

既製品で作るおもちゃ
スポンジ

ペットボトルの中にギュッと押し込んで、スポンジボールを詰め込みます。すっと入らない抵抗感がおもしろい。

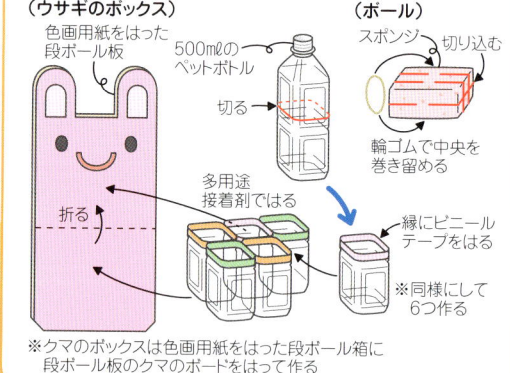

（ウサギのボックス）
色画用紙をはった段ボール板
500mlのペットボトル
切る
折る
多用途接着剤ではる
※クマのボックスは色画用紙をはった段ボール箱に段ボール板のクマのボードをはって作る

（ボール）
スポンジ
切り込む
輪ゴムで中央を巻き留める
縁にビニールテープをはる
※同様にして6つ作る

あそびプラス1 ボールを転がしてやりもらいあそび

「○○ちゃん行くよ〜」と、少し離れた子どもに向かってボールを転がします。ボールを目で追っていたら次は、「ちょうだい」と言ってみます。きっと、歩いて持ってきてくれるでしょう。満足できるまであそぶことで、その動作をしっかり習得し、集中力も身につきます。

追視 感触 操作 みたてつもり

●スチロール球をカラーゴムでつないで

コロコロバー

布をはったスチロール球をカラーゴムでつなぎ、イモムシにしたり、同じ絵柄を並べたバーにしたりしました。曲げたり、伸ばしたりの動きが楽しいおもちゃです。

引っ張って放すと「パッチン!」と音がするのを喜びます。前後左右に折り曲げて元に戻るのも楽しめます。

既製品で作るおもちゃ　スチロール球

イモムシ

魚

スチロール球に穴を開け、カラーゴムを通します。カラーゴムの両端は2～3回固く結び、スチロール球が抜けないように作ります。

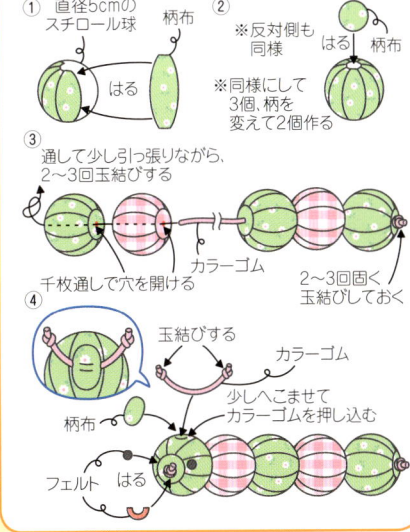

（イモムシ）
※接着には木工用接着剤を使う

① 直径5cmのスチロール球　柄布　はる
※反対側も同様　はる　柄布
※同様にして3個、柄を変えて2個作る

③ 通して少し引っ張りながら、2～3回玉結びする
千枚通しで穴を開ける
カラーゴム
2～3回固く玉結びしておく

④ 玉結びする
カラーゴム
少しへこませてカラーゴムを押し込む
柄布
フェルト　はる

 あそびプラス1　並べたり、みたてあそびをしたり

魚の絵のついた球を、どの魚も見える位置に並べたり、テーブルや床の上を電車のように走らせたりしてあそびます。

27

● カラフルシュシュで
おしゃれイモムシさん

ラップのしんで作った体に、シュシュ（髪留め用ゴム）をはめると、
カラフルもこもこのイモムシさんに大変身！
いろいろな素材で用意できると、感触の違いも楽しめます。

既製品で作るおもちゃ

シュシュ

ラップのしんは子どもがつかみやすく、シュシュをはめたり、外したりするのに程よい太さです。

シュシュは100円ショップなどで購入することができます。

① 約1cm折る／柄布／※しんの長さに約3cm足す／巻いて手芸用接着剤ではる／ピンキングはさみで切る／長さ約15cmのラップのしん

② 細いカラーゴム毛糸針などで通す／縫い絞った余分をしんの中に入れて縫い付ける／玉結びをする／フェルト／縫い付ける／余分を内側に折り込んではる／※反対側も同様

直径約26cmの布／綿を置く／直径約20cmの円に縫い、糸を引いて縮める／2〜3回糸を巻き付けて縫い留める

③ ゴムを少し引っ張りながら玉結びをする／リング／体にはめる

（リング）約10cm／しんの太さに切り抜く／フェルト※同じ大きさを2枚用意する／縫い合わせる／綿／詰めながら縫い合わせる

シュシュの代わりに、フェルトで作ったリングを通してもいいでしょう。

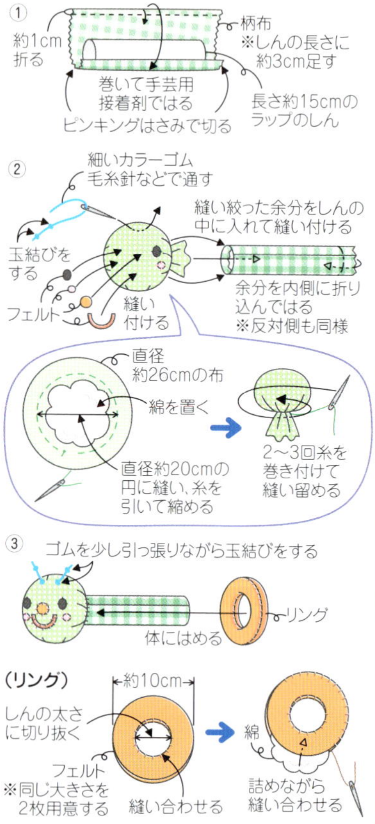

音　操作

●タイツをかぶせたペットボトルで

びよよ～ん マラカス

網タイツに、上部を切り、コップ状にしたペットボトル2個と豆を入れました。振って音を楽しんだり、カップからカップに豆を移したりしてあそびます。

中には、大きなハナマメやダイズ、アズキなどの豆類を入れました。網目から豆が出ないように網目の細かな網タイツを選ぶのがポイントです。

既製品で作るおもちゃ　●タイツ

① カッターで切る
（切り口はビニールテープをはってカバーする）
500mlのペットボトル
※同様にして2つ作る

② 両面テープをはる
タイツを少し伸ばして先まで入れ、接着する
網タイツを切った物

③ ① 両面テープをはる
入れて接着する
入れる
アズキなど

④ 伸ばして結ぶ
フェルト 縫い付ける
約3～4cm空ける
フェルト 縫い付ける

結び目のカバーも兼ね、フェルトを簡単な形に切って縫い付け、ワンポイントにします。

タイツをねじると豆がたまるのがおもしろい。ねじりを解いて、豆の動きを楽しみます。

29

1歳児 2歳児

操作　認識　みたて つもり

● 洗濯ネットを体にして

食いしんぼう動物

大きな口で、ごちそうをパクパク。
たくさん食べたら、おなかのファスナーを開けて取り出して、何度でも繰り返しあそべます。
洗濯ネットにペットボトルを付けて作ります。

既製品で作るおもちゃ ● 洗濯ネット

クマ　ウサギ　ブタ

食べ物は、新聞紙を軽く丸めてビニールテープを巻いてはり、果物などにみたてましょう。いろいろ作って用意すると楽しいですね。

たくさん食べさせたら、おなかのファスナーを開けて、取り出します。

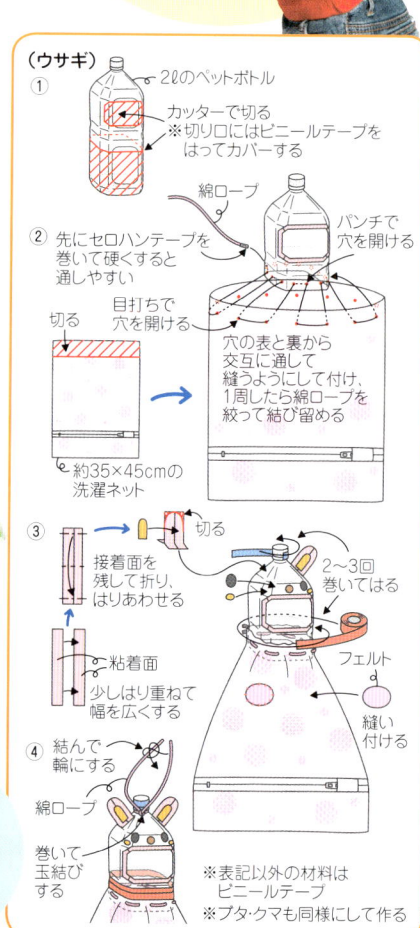

（ウサギ）

① 2ℓのペットボトル
カッターで切る
※切り口にはビニールテープをはってカバーする

② 先にセロハンテープを巻いて硬くすると通しやすい
綿ロープ
パンチで穴を開ける
切る
目打ちで穴を開ける
穴の表と裏から交互に通して縫うようにして付け、1周したら綿ロープを絞って結び留める
約35×45cmの洗濯ネット

③ 接着面を残して折り、はりあわせる
切る
2～3回巻いてはる
粘着面
少しはり重ねて幅を広くする
フェルト
縫い付ける

④ 結んで輪にする
綿ロープ
巻いて玉結びする

※表記以外の材料はビニールテープ
※ブタ・クマも同様にして作る

操作　みたて　つもり

●いすの脚カバーで簡単お魚

ふわふわ魚釣り

いすの脚カバーの魚を、面ファスナーを付けた釣りざおでくっつけて釣り上げます。
友達が楽しくあそんでいると同じ物が欲しくなるので、釣りざおは子どもの人数分用意できるといいですね。

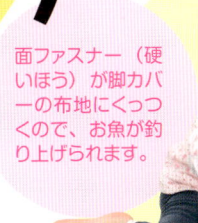

面ファスナー（硬いほう）が脚カバーの布地にくっつくので、お魚が釣り上げられます。

あそびプラス1 想像を膨らませて

はじめは保育者が「今日は釣りに行こう！」と言って釣りあそびのイメージをリードします。うそっこのえさをつけたり、「大きな魚がいるよ」「今日は魚を釣って夕飯にしようね」などと声をかけていくと、子どもたちの想像が膨らんで、あそびが発展していきます。

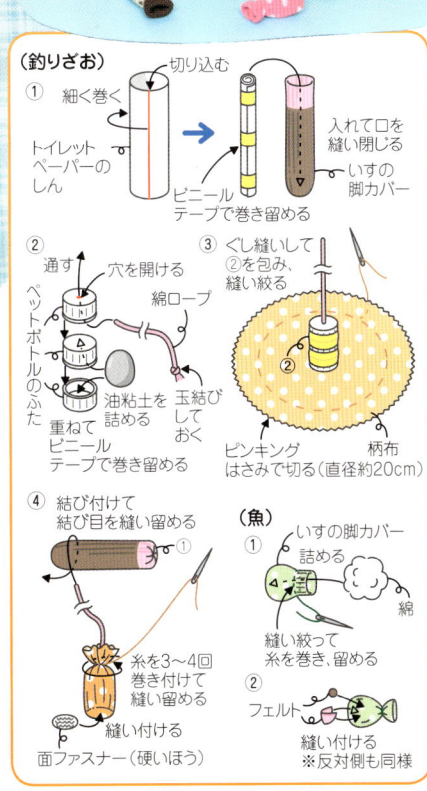

既製品で作るおもちゃ　いすの脚カバー

● おふろマットの手触りが優しい

柔らかパズル

おふろマットを切り抜いて作った、優しい手触りのパズルです。切り抜いた物にカラフルな柄布をはって形をわかりやすく、綿ロープの持ち手を付けて外しやすくしています。

既製品で作るおもちゃ

おふろマット

同じ形がわかるようになると、形を合わせてピースをはめ込み、同じ形でも大きさが違うと入らないことを認識します。

ピースを外すと、中からニッコリ顔がこんにちは! 次々に外してあそびます。

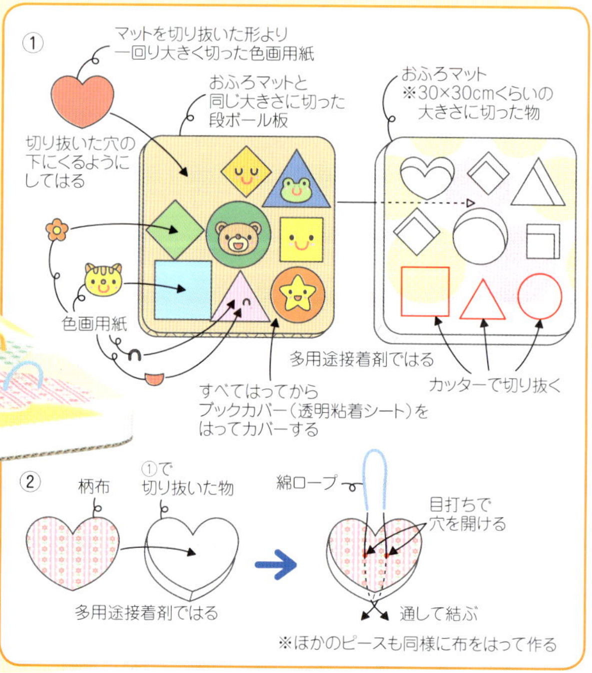

① マットを切り抜いた形より一回り大きく切った色画用紙
おふろマットと同じ大きさに切った段ボール板
切り抜いた穴の下にくるようにしてはる
色画用紙
すべてはってからブックカバー(透明粘着シート)をはってカバーする
多用途接着剤ではる

おふろマット
※30×30cmくらいの大きさに切った物
カッターで切り抜く

② 柄布　①で切り抜いた物　綿ロープ　目打ちで穴を開ける
多用途接着剤ではる
通して結ぶ
※ほかのピースも同様に布をはって作る

操作　認識

既製品で作るおもちゃ　**おふろマット**

型紙
p.100~101

おふろマットの裏に絵柄をはった段ボール板をはって、ピースを外したときにいろいろな顔や柄が出てくるようにします。

あそびプラス1　当てっこあそびに

2歳児なら、パズルを楽しんだ後は、ピースをすべてはめ込み、「ウサギさんはどこかな？」「カエルさんは？」などと言葉かけをして、当てっこあそびをしてもいいでしょう。

操作 みたて つもり

●密閉容器から引き出す
イモ掘りボックス

綿ロープのつるを引っ張ると、フェルトで作った大小のイモが、ぞろぞろとつながって出てきます。
出したイモを容器に戻せば、何度でも繰り返しイモ掘りあそびが楽しめます。

既製品で作るおもちゃ　密閉容器

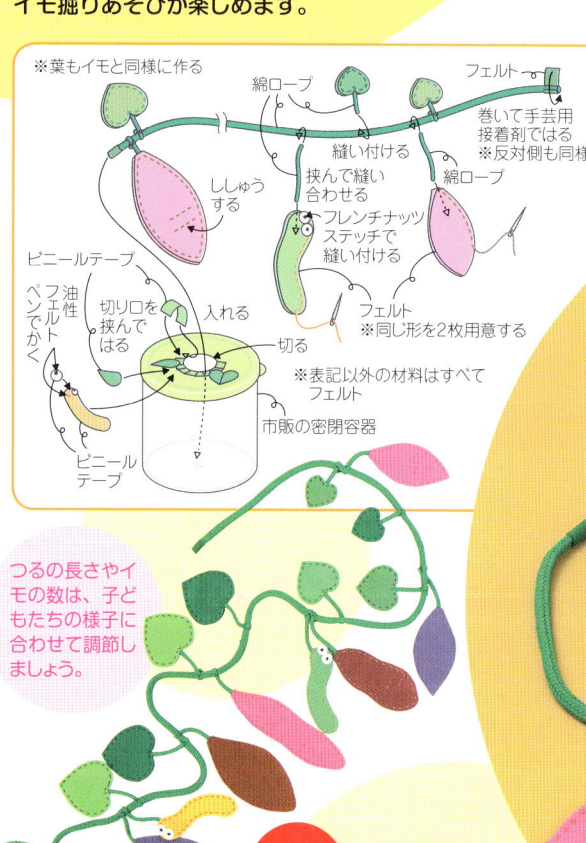

つるの長さやイモの数は、子どもたちの様子に合わせて調節しましょう。

 みんなで一緒に

保育者がつるを持って「あれ？ 抜けないなあ」などと言いながらイモ掘りを始めます。「○○ちゃん手伝って」と言葉かけをしながら人数を増やしていき、みんなでイモ掘りごっこを楽しんでもいいでしょう。

● 新聞紙の張り子で

動物さんの起き上がりこぼし

新聞紙をはり重ね、仕上げに布をはった張り子の動物さん。大きいほうは風船を型に、小さいほうはスチロール卵形をしんにして作りました。ゆらゆら揺れる姿がかわいい起き上がりこぼしです。

倒してもころん、と元に戻るのが不思議で楽しくて、何度も繰り返してあそびます。

リサイクル素材で作るおもちゃ ● 新聞紙

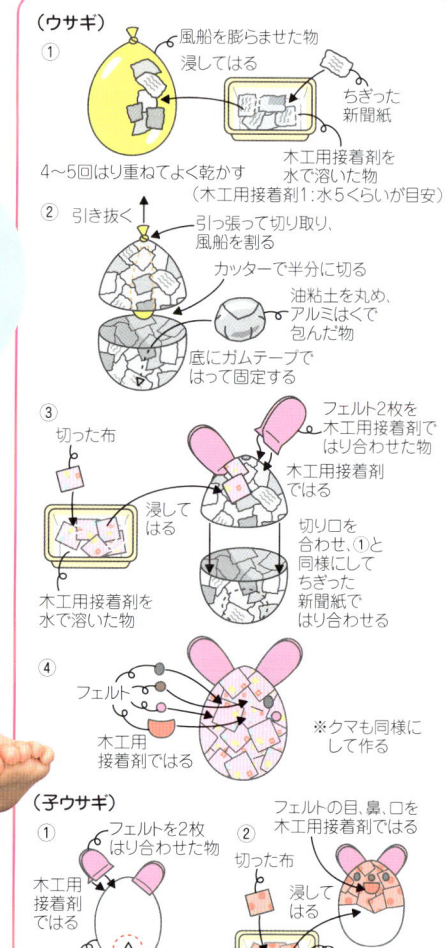

〈ウサギ〉
① 風船を膨らませた物／浸してはる／ちぎった新聞紙／4〜5回はり重ねてよく乾かす／木工用接着剤を水で溶いた物（木工用接着剤1：水5くらいが目安）

② 引き抜く／引っ張って切り取り、風船を割る／カッターで半分に切る／油粘土を丸め、アルミはくで包んだ物／底にガムテープではって固定する

③ 切った布／浸してはる／木工用接着剤を水で溶いた物／フェルト2枚を木工用接着剤ではり合わせた物／木工用接着剤／切り口を合わせ、①と同様にしてちぎった新聞紙ではり合わせる

④ フェルト／木工用接着剤ではる／※クマも同様にして作る

〈子ウサギ〉
① フェルトを2枚はり合わせた物／木工用接着剤ではる／スチロール卵形／ビー玉／底に穴を開けて詰める

② フェルトの目、鼻、口を木工用接着剤ではる／切った布／浸してはる／木工用接着剤を水で溶いた物／※子グマも同様にして作る

追視　操作

小さい起き上がりこぼしは、しんにしたスチロール卵形の底に穴を開けて、おもりのビー玉を埋め込みました。

クマ

ウサギ

リサイクル素材で作るおもちゃ

新聞紙

あそびプラス1

コマのように回して

0～1歳ころは小さな起き上がりこぼしを転がし、起き上がるのを見て喜びます。1歳後半ころになると大きな起き上がりこぼしの体を、コマのように回してあそんだりもします。

くるくる　ころころ

37

0歳児

追視　感触　音

● ポリ袋を羽にして

シャラシャラ チョウのメリー

風に揺れてチョウがひらひらと動く、小さな子のいる保育室にぴったりのメリーです。チョウの羽に触ると、赤ちゃんが大好きなシャラシャラとした音と手触りが楽しめます。

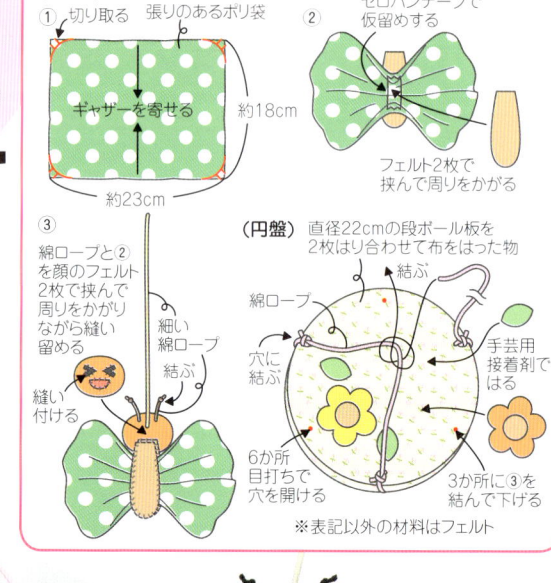

リサイクル素材で作るおもちゃ　ポリ袋

〈チョウ〉
① 切り取る　張りのあるポリ袋
ギャザーを寄せる
約18cm
約23cm

② セロハンテープで仮留めする
フェルト2枚で挟んで周りをかがる

③ 綿ロープと②を顔のフェルト2枚で挟んで周りをかがりながら縫い留める
細い綿ロープ
結ぶ
縫い付ける

〈円盤〉直径22cmの段ボール板を2枚はり合わせて布をはった物
結ぶ
綿ロープ
穴に結ぶ
6か所目打ちで穴を開ける
3か所に③を結んで下げる
手芸用接着剤ではる

※表記以外の材料はフェルト

チョウをつり下げる円盤は、段ボール板を柄布で包み、フェルトの花をはって作ります。

張りのあるポリ袋にギャザーを寄せて羽を作り、フェルト2枚の体で挟みます。

あそびプラス1　チョウを動かして

円盤をつるしているロープをねじって手を放し、くるくると回したり、保育者が少し離れた所からチョウに風を送って揺らしたりしてもいいでしょう。

0歳児 　　　　　　　　　　　　　　　　　　　　感触　音

● カラフルなポリ袋で

カシャカシャシート

張りのあるカラフルなポリ袋を切り、2枚合わせて縁をビニールテープではり留めました。触るとカシャカシャと音がする楽しいシートです。動物や野菜など、いろいろな物を作ってみましょう。

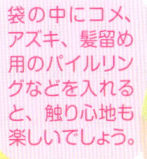

袋の中にコメ、アズキ、髪留め用のパイルリングなどを入れると、触り心地も楽しいでしょう。

お店で商品を入れてくれるポリ袋は、色もさまざま。作る物に合わせてカラフルに用意します。

ウサギ
プレゼント
星
トマト
ナス
キュウリ
トウモロコシ

あそびプラス1 中身を押したりつまんだり

透かし模様や透明なポリ袋を使って作ると、中に入っている物が見えるので興味を引きます。指でつまんだり、押して1か所に集めてみたり、指先のあそびを楽しみます。

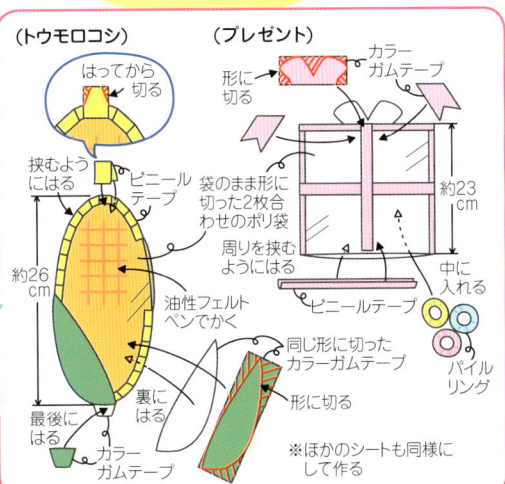

リサイクル素材で作るおもちゃ　●ポリ袋

〈トウモロコシ〉
- はってから切る
- 挟むようにはる
- ビニールテープ
- 約26cm
- 油性フェルトペンでかく
- 裏にはる
- 最後にはる
- カラーガムテープ

〈プレゼント〉
- 形に切る
- カラーガムテープ
- 袋のまま形に切った2枚合わせのポリ袋
- 周りを挟むようにはる
- ビニールテープ
- 約23cm
- 中に入れる
- パイルリング
- 同じ形に切ったカラーガムテープ
- 形に切る

※ほかのシートも同様にして作る

39

0歳児　1歳児　2歳児

●いろいろな缶を使って
ころりん筒

ミルク缶や茶筒、ジュース缶、お菓子の筒などに布を巻いて作ります。顔を付けたり、耳や手を付けたりして、少しだけ飾りました。中にダイズやアズキなどを入れて、転がすのはもちろん、手に持って振っても楽しめるおもちゃです。

段ボール箱を使って斜面を作り、どんなふうに転がるのか楽しむのもいいですね。友達を意識するようになると、一緒に転がしてあそぶ様子も見られます。

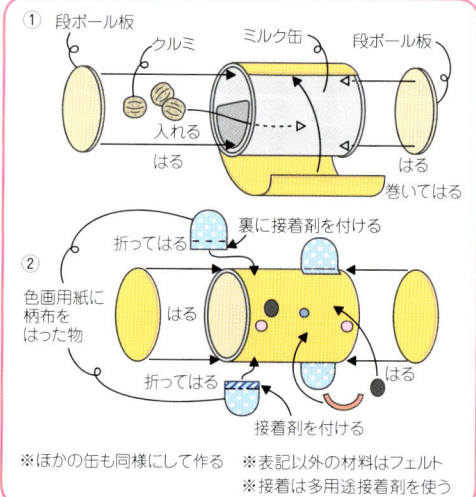

5か月くらいからは、親指を外側にしてしっかり物を握るようになります。もう少し大きくなると、少し重い物をつかんで振ってあそぶことを楽しみます。

リサイクル素材で作るおもちゃ　●空き缶

① 段ボール板　クルミ　ミルク缶　段ボール板
入れる　はる　はる　巻いてはる

② 折ってはる　裏に接着剤を付ける
色画用紙に柄布をはった物　はる　はる
折ってはる　接着剤を付ける

※ほかの缶も同様にして作る　※表記以外の材料はフェルト
※接着は多用途接着剤を使う

40

| 追視 | 音 | 粗大 | 操作 |

ダイズやアズキを中に入れて作ります。ミルク缶などの大きな缶には、クルミのような大きな物を入れてみても楽しいでしょう。

リサイクル素材で作るおもちゃ ● **空き缶**

あそびプラス1 はいはいや歩行を促すあそびに

保育者が手に持って、「どんな音がするかな？」と振ってみたり、「○○ちゃん、行くよ〜」と言って、子どもの近くまで転がしてみたりしましょう。さまざまな大きさや音がする物があると、注目して触ってみようと追いかけるので、はいはいや歩行を促し、筋力を育てることができます。片手片足と交互に出して進むことや、全身の均衡感覚も育ちます。

41

0歳児

リサイクル素材で作るおもちゃ　**空き缶**

●ミルク缶で作る

ぽっとんカンカン

音　操作

マスコットを引っ張ると、ひもの先に付けたおもりで程よい抵抗感が楽しめ、放すとすっと元に戻って音もするので、何度でも繰り返してあそびたくなるおもちゃです。

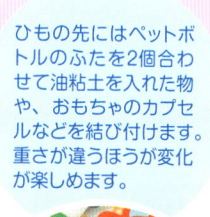

ひもの先にはペットボトルのふたを2個合わせて油粘土を入れた物や、おもちゃのカプセルなどを結び付けます。重さが違うほうが変化が楽しめます。

カラフルなマスコットに興味を引かれ、引っ張ってあそびます。

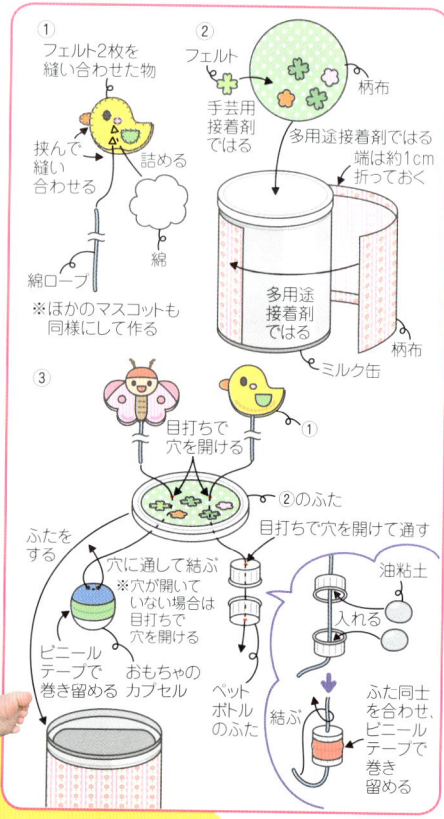

① フェルト2枚を縫い合わせた物
挟んで縫い合わせる
詰める
綿
綿ロープ

② フェルト
手芸用接着剤ではる
多用途接着剤ではる
端は約1cm折っておく
柄布
多用途接着剤ではる
柄布
ミルク缶
※ほかのマスコットも同様にして作る

③ 目打ちで穴を開ける
①
②のふた
目打ちで穴を開けて通す
ふたをする
穴に通して結ぶ
※穴が開いていない場合は目打ちで穴を開ける
ビニールテープで巻き留める
おもちゃのカプセル
ペットボトルのふた
油粘土
入れる
結ぶ
ふた同士を合わせ、ビニールテープで巻き留める

型紙 p.101〜102

0歳児　1歳児　粗大

● ガムテープのしんで
コロコロペット

紙しんに綿ロープを通した、コロコロおもちゃです。
はいはいで追いかけたり、歩き始めの子どもが引っ張ってあそんだり。
動物の絵をつけて、お散歩あそびにも使えそうです。

後ろにはしっぽも付けて。

保育者が引っ張ってみせると、はいはいで追いかけて、捕まえた！

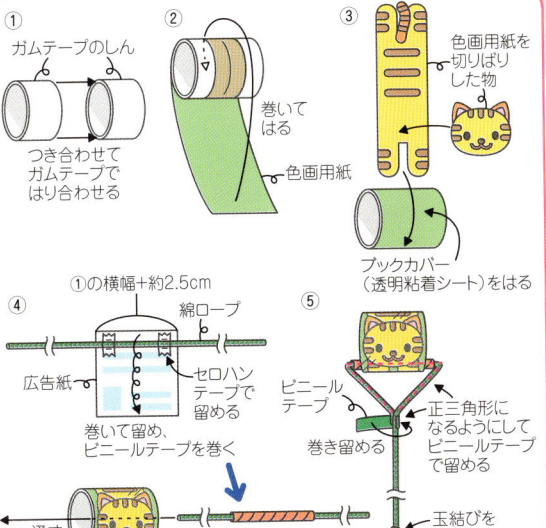

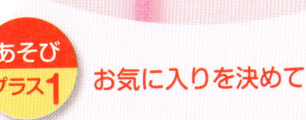

リサイクル素材で作るおもちゃ ● 紙しん

① ガムテープのしん／つき合わせてガムテープではり合わせる
② 巻いてはる／色画用紙
③ 色画用紙を切りはりした物／ブックカバー（透明粘着シート）をはる
④ ①の横幅＋約2.5cm／綿ロープ／広告紙／セロハンテープで留める／巻いて留め、ビニールテープを巻く
⑤ ビニールテープ／巻き留める／正三角形になるようにしてビニールテープで留める／玉結びをする／通す

あそびプラス1　お気に入りを決めて

コロコロ引いて歩くのがいい感じのおもちゃです。歩き始めの0歳児の歩行を楽しく促します。歩行が安定するころには引っ張りながら振り返り、後ろを気にしながら歩くようにもなります。いろいろな動物で、たくさん作ってお気に入りが決められるといいですね。

| 0歳児 | 1歳児 | 2歳児 |

●トイレットペーパーのしんで穴を作って

虫さんとり

穴に棒を差し込むと、中に隠れた虫さんがくっついて出てくる楽しいおもちゃです。
くっつく仕組みは面ファスナー。
虫はカラー手袋の指部分を使って簡単に作れます。

リサイクル素材で作るおもちゃ　●紙しん

切り株

花

感触　操作

保育者がくっつけて取り出した虫を触ったり、引っ張って外したりします。棒の先で揺れる虫さんに興味津々です。

あそびプラス1

虫をつないで
虫の口に面ファスナーの柔らかいほう、おしりに硬いほうを縫い付けておくと、虫同士をくっつけてつなげるあそびにも発展します。どんどんくっつけて長～くつなぐと、大満足なこと間違いなしです。

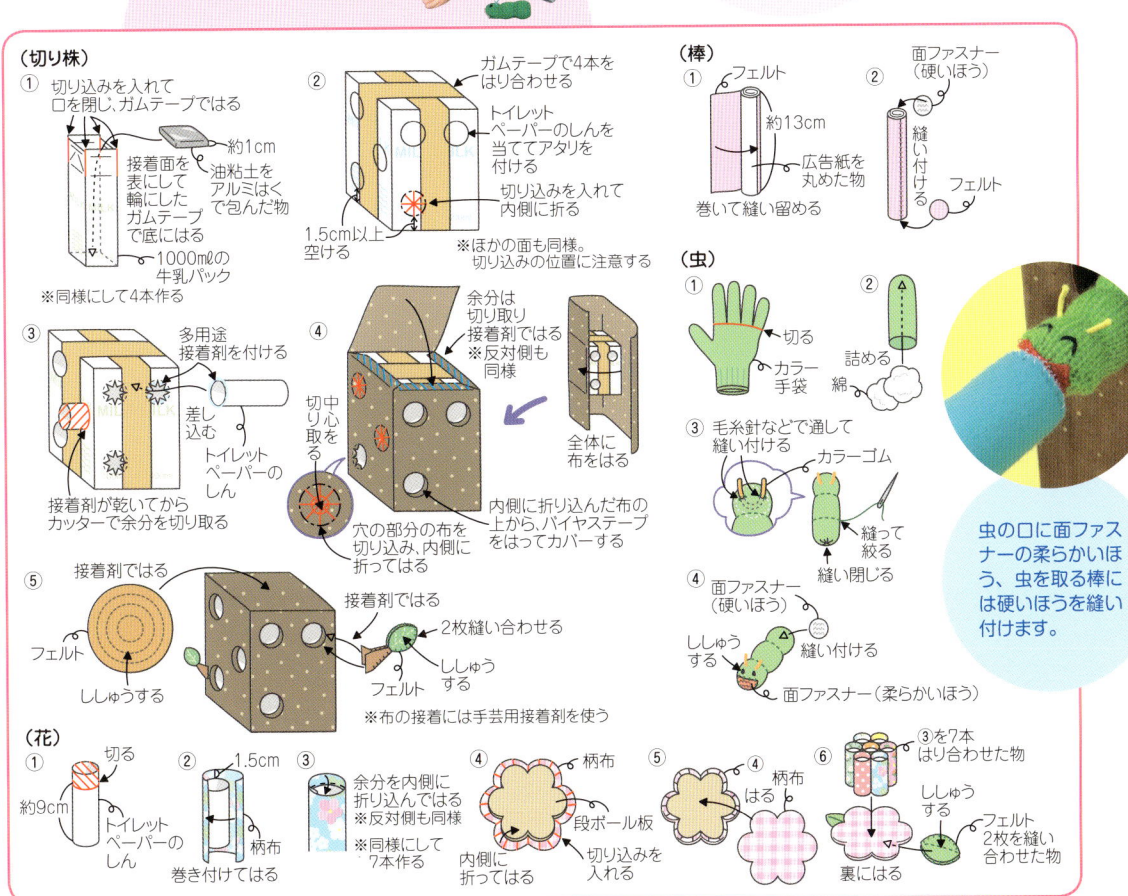

リサイクル素材で作るおもちゃ **紙しん**

（切り株）
① 切り込みを入れて口を閉じ、ガムテープではる
約1cm
接着面を表にして輪にしたガムテープで底にはる
油粘土をアルミはくで包んだ物
1000mlの牛乳パック
※同様にして4本作る

② ガムテープで4本をはり合わせる
トイレットペーパーのしんを当ててアタリを付ける
切り込みを入れて内側に折る
1.5cm以上空ける
※ほかの面も同様。切り込みの位置に注意する

③ 多用途接着剤を付ける
差し込む
トイレットペーパーのしん
接着剤が乾いてからカッターで余分を切り取る

④ 余分は切り取り接着剤ではる
※反対側も同様
中心を切り取る
全体に布をはる
穴の部分の布を切り込み、内側に折ってはる
内側に折り込んだ布の上から、バイヤステープをはってカバーする

⑤ 接着剤ではる
フェルト
ししゅうする
接着剤ではる
2枚縫い合わせる
フェルト
ししゅうする
※布の接着には手芸用接着剤を使う

（棒）
① フェルト
約13cm
広告紙を丸めた物
巻いて縫い留める

② 面ファスナー（硬いほう）
縫い付ける
フェルト

（虫）
① カラー手袋
切る

② 詰める
綿

③ 毛糸針などで通して縫い付ける
カラーゴム
縫って絞る
縫い閉じる

④ 面ファスナー（硬いほう）
ししゅうする
縫い付ける
面ファスナー（柔らかいほう）

虫の口に面ファスナーの柔らかいほう、虫を取る棒には硬いほうを縫い付けます。

（花）
① 切る
約9cm
トイレットペーパーのしん

② 1.5cm
柄布
巻き付けてはる

③ 余分を内側に折り込んではる
※反対側も同様
※同様にして7本作る

④ 柄布
段ボール板
切り込みを入れる
内側に折ってはる

⑤ 柄布
はる

⑥ ③を7本はり合わせた物
ししゅうする
フェルト2枚を縫い合わせた物
裏にはる

45

0歳児　1歳児　2歳児

感触　音

● 空き缶をつないで

ポコポコウォーター缶

逆さまにするとポコポコポコ……と水の流れる優しい音がするおもちゃは、水を入れた空き缶を2本はり合わせて作ります。ラッコのカバーは着脱も簡単。洗えるので衛生的です。

リサイクル素材で作るおもちゃ ● 空き缶

手はポケットになるように縫い付け、工作紙で作った貝を挟みました。子どもたちはたくさん入れたり、カラフルな色を楽しんだりします。

缶は丈夫なスチール缶を使用。子どもが握りやすい小さめサイズを選びましょう。金属用の強力接着剤で接着してから、念のためにビニールテープで巻き留めます。

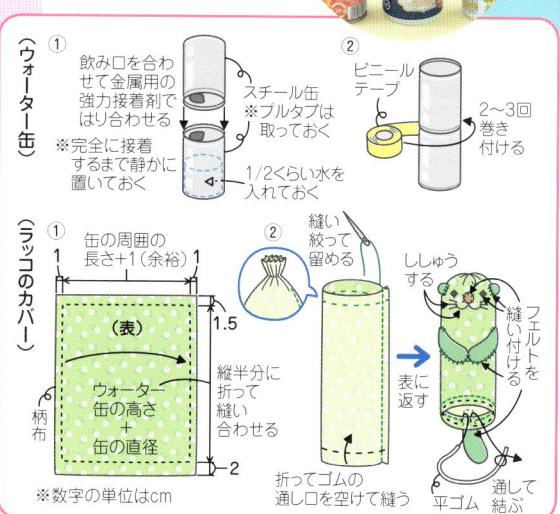

〈ウォーター缶〉
① 飲み口を合わせて金属用の強力接着剤ではり合わせる
　スチール缶 ※プルタブは取っておく
　※完全に接着するまで静かに置いておく
　1/2くらい水を入れておく
② ビニールテープ　2〜3回巻き付ける

〈ラッコのカバー〉
① 缶の周囲の長さ+1（余裕）
　1　1
　1.5
　（表）
　ウォーター缶の高さ+缶の直径
　柄布
　縦半分に折って縫い合わせる
　-2
　※数字の単位はcm
② 縫い絞って留める
　ししゅうする
　フェルトを縫い付ける
　表に返す
　折ってゴムの通し口を空けて縫う
　平ゴム
　通して結ぶ

あそびプラス1　不思議な感覚を味わって

転がしたときの微妙な前進・後退の動きを不思議に思って何度も転がしたり、ラッコを逆さまにすると聞こえる水の音に聞き入ったり。ちょっと科学あそびみたいで楽しいおもちゃです。

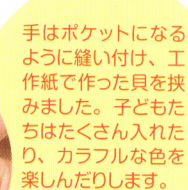

チャプン

0歳児 **1歳児**　　追視　音　粗大

●ペットボトルをつないで
ころころボトル

同じ形のペットボトル2本を切って、底のほうと口のほう同士を合わせました。ペットボトルが転がっても、中の動物は回転しないおもちゃです。ビーズを入れて、音も楽しめます。

中の動物やビーズに興味を引かれて手を出し、自分で転がしたり、追いかけたりしながらあそびます。

ペットボトルの底に穴を開けて通したカラーゴムは、少し引っ張って玉結びにします。結び目の上からフェルトをはってカバーしましょう。

リサイクル素材で作るおもちゃ　●ペットボトル

型紙 p.102

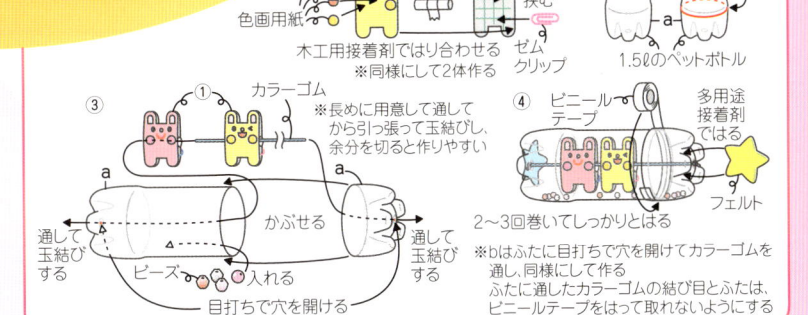

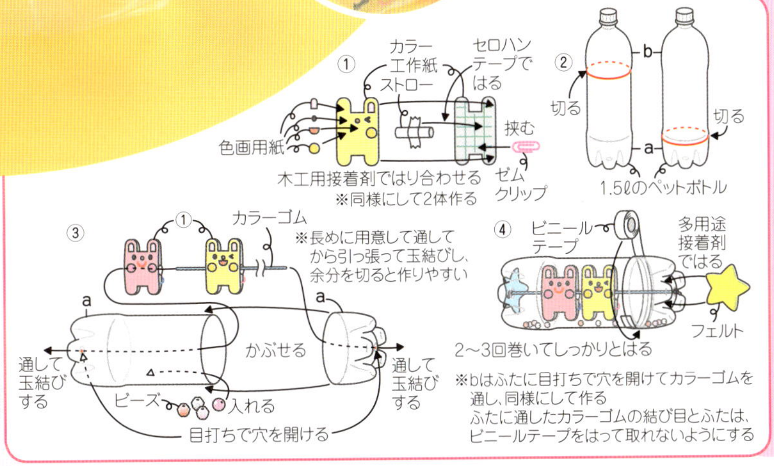

あそびプラス1　振って楽しむ

手に持って振ると、中の動物さんの動きや、ビーズがカラカラと鳴る音が楽しめます。少し大きなサイズですが、マラカスのように楽しんでもいいですね。

①　色画用紙／カラー工作紙／ストロー／セロハンテープではる／ゼムクリップ／挟む／木工用接着剤ではり合わせる　※同様にして2体作る

② 切る／切る　1.5ℓのペットボトル　a　b

③ カラーゴム　※長めに用意して通してから引っ張って玉結びし、余分を切ると作りやすい
かぶせる／通して玉結びする／ビーズ／入れる／通して玉結びする／目打ちで穴を開ける

④ ビニールテープ／多用途接着剤ではる／フェルト　2〜3回巻いてしっかりとはる
※bはふたに目打ちで穴を開けてカラーゴムを通し、同様にして作る
ふたに通したカラーゴムの結び目とふたは、ビニールテープをはって取れないようにする

47

0歳児 1歳児 2歳児

●ペットボトルを筒状に切って
ボールチューブ

綿を入れて作った、触り心地の柔らかいボールを
ペットボトルで作ったチューブに詰めたり、転がしたり。
ボールには、ネズミやウサギの顔をアップリケしました。

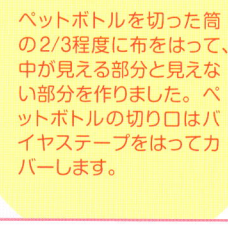

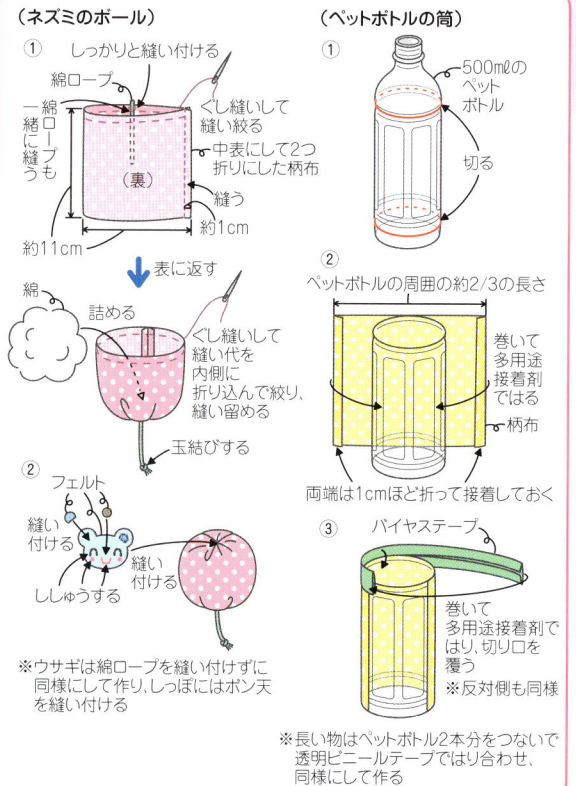

ペットボトルを切った筒の2/3程度に布をはって、中が見える部分と見えない部分を作りました。ペットボトルの切り口はバイヤステープをはってカバーします。

リサイクル素材で作るおもちゃ　●ペットボトル

容器の透明部分から動物の顔が見えるように並べて入れたり、4個、5個と押し込んだり。次々に押し込んで反対側からスッポンと出てくるのを楽しみます。

〈ネズミのボール〉

① しっかりと縫い付ける
綿ロープ
ぐし縫いして縫い絞る
綿ロープも一緒に縫う
中表にして2つ折りにした柄布
（裏）
縫う
約1cm
約11cm

↓表に返す

綿 詰める
ぐし縫いして縫い代を内側に折り込んで絞り、縫い留める
玉結びする

② フェルト
縫い付ける
ししゅうする
縫い付ける

※ウサギは綿ロープを縫い付けずに同様にして作り、しっぽにはボンテンを縫い付ける

〈ペットボトルの筒〉

① 500mlのペットボトル
切る

② ペットボトルの周囲の約2/3の長さ
巻いて多用途接着剤ではる
柄布
両端は1cmほど折って接着しておく

③ バイヤステープ
巻いて多用途接着剤ではり、切り口を覆う
※反対側も同様

※長い物はペットボトル2本分をつないで透明ビニールテープではり合わせ、同様にして作る

感触　操作　認識

あそび プラス1　年齢ごとに楽しんで

0歳児は、保育者と一緒に詰めたり、引っ張り出したり、さらには筒ごと転がしたりしてあそびます。1歳児は、自分でボールを詰め、次々に押し込み反対側からスッポンと出てくるのを、2歳児なら動物を分けて入れたり、ボールの色の違いを楽しんだりと、年齢なりの楽しみ方ができます。

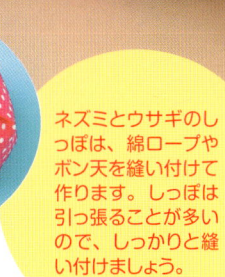

保育者からボールをもらったり、渡したり。ネズミの顔に気づき、「なにかがついている」と興味をもって見ています。

ネズミとウサギのしっぽは、綿ロープやボン天を縫い付けて作ります。しっぽは引っ張ることが多いので、しっかりと縫い付けましょう。

型紙 p.102

リサイクル素材で作るおもちゃ　●　ペットボトル

49

0歳児　1歳児　2歳児

追視　操作

●ペットボトルの透明感が楽しい

コロコロ玉転がし

子どもたちの大好きな玉転がし。
ペットボトルで作ると、
玉が転がる様子が見えてもっと楽しめます。
ペットボトルは、結束バンドを使って
段ボール板にしっかりと取り付けます。

リサイクル素材で作るおもちゃ　●ペットボトル

ペットボトルの底は切り落とさずに残しておくのがポイント。玉はここに当たってから落ちるので、勢いがつきすぎて飛び出すこともありません。

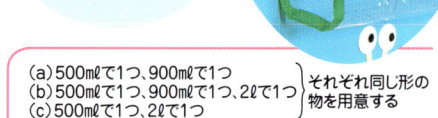

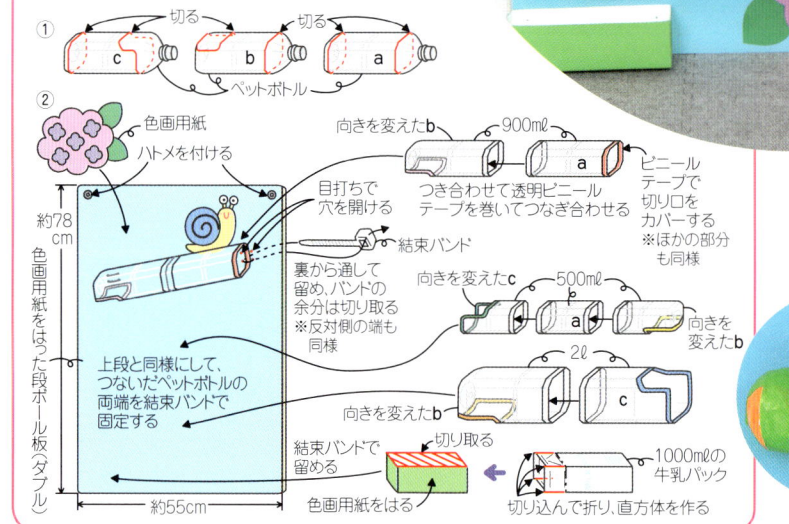

(a) 500mℓで1つ、900mℓで1つ
(b) 500mℓで1つ、900mℓで1つ、2ℓで1つ
(c) 500mℓで1つ、2ℓで1つ

それぞれ同じ形の物を用意する

① 切る　c　切る　b　a　ペットボトル

② 色画用紙　ハトメを付ける　向きを変えたb　900mℓ　a　ビニールテープで切り口をカバーする　※ほかの部分も同様
目打ちで穴を開ける　結束バンド　つき合わせて透明ビニールテープを巻いてつなぎ合わせる
裏から通して留め、バンドの余分は切り取る　※反対側の端も同様
向きを変えたc　500mℓ　a　向きを変えたb
約78cm
色画用紙をはった段ボール板(ダブル)
上段と同様にして、つないだペットボトルの両端を結束バンドで固定する
向きを変えたb　2ℓ　c
結束バンドで留める　切り取る　色画用紙をはる　切り込んで折り、直方体を作る　1000mℓの牛乳パック
約55cm

転がす玉は、新聞紙を固く丸めてビニールテープを巻いて作ったり、おもちゃの丸いカプセルを使ったりします。

0歳児　1歳児　2歳児

粗大　認識

●広告紙を細く巻いて
カラフルのれん

カラフルに並んだ棒が揺れる楽しいのれんです。
広告紙を丸めてビニールテープを巻き、ひもでつるしています。
棒は長さを変えて変化をつけました。

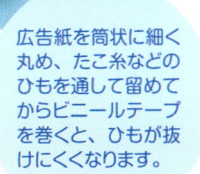

リサイクル素材で作るおもちゃ ● 広告紙

広告紙を筒状に細く丸め、たこ糸などのひもを通して留めてからビニールテープを巻くと、ひもが抜けにくくなります。

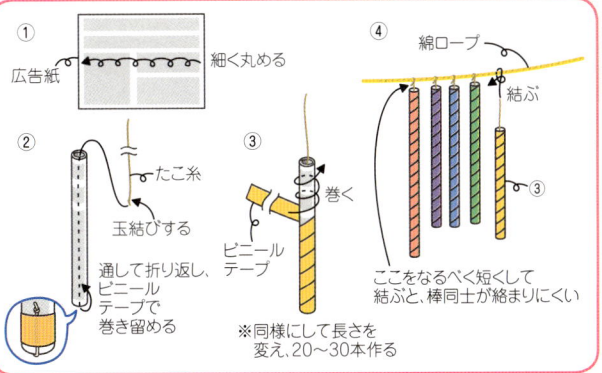

① 広告紙　細く丸める
② たこ糸　玉結びする　通して折り返し、ビニールテープで巻き留める
③ ビニールテープ　巻く　ここをなるべく短くして結ぶと、棒同士が絡まりにくい
※同様にして長さを変え、20～30本作る
④ 綿ロープ　結ぶ

あそびプラス1　保育者と一緒にくぐって

0～1歳児は、保育者がはいはいでかき分けてくぐって見せると、やらなかった子もくぐるようになります。棒に触らないように、短いほうをくぐるなど、楽しくあそべます。2歳児なら、長い短いの比較や、色の名前を言うあそびもいいですね。

0歳児　1歳児　2歳児

●ペットボトルを切って
くるりんリング

ペットボトルを輪切りにした物を布で包んだリングです。
ペットボトルのボディにはめたり、輪つなぎをしたり。
フェルトのマスコットなどを付けると導入のきっかけになります。

輪切りにしたペットボトルを、しんにします。細すぎると弱くなるので注意しましょう。

リサイクル素材で作るおもちゃ　●ペットボトル

リングに付いた動物がお気に入り。

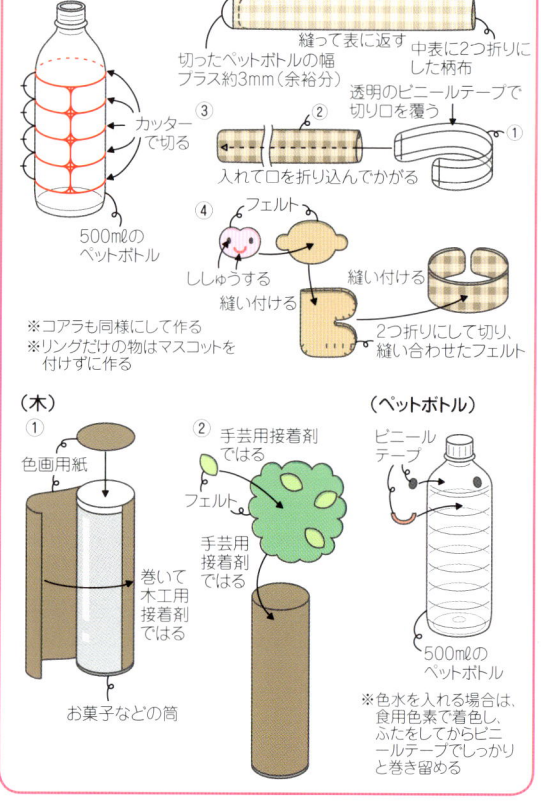

〈サル〉

① 500mlのペットボトル／カッターで切る／切ったペットボトルの幅プラス約3mm（余裕分）

② ペットボトルの周囲の長さプラス1cm／縫って表に返す／中表に2つ折りにした柄布

③ 透明のビニールテープで切り口を覆う／入れて口を折り込んでかがる

④ フェルト／ししゅうする／縫い付ける／縫い付ける／2つ折りにして切り、縫い合わせたフェルト

※コアラも同様にして作る
※リングだけの物はマスコットを付けずに作る

〈木〉
① 色画用紙／巻いて木工用接着剤ではる／お菓子などの筒

② 手芸用接着剤ではる／フェルト／手芸用接着剤ではる

〈ペットボトル〉
ビニールテープ／500mlのペットボトル

※色水を入れる場合は、食用色素で着色し、ふたをしてからビニールテープでしっかりと巻き留める

粗大　操作

フェルトのサルやコアラのマスコットを付けて。お菓子の筒で作った木にはめると、木登りしているみたい。

型紙
p.103

リサイクル素材で作るおもちゃ

ペットボトル

あそびプラス1

リングをたくさん付けて楽しむ

お座りができる子は、保育者が付けたり、外したりして見せると、リングをペットボトルの上からスポンと入れるようになるでしょう。リングをたくさん付けたペットボトルを転がしてあそんだり、手足にリングをたくさん付けて楽しそうに歩き回ったりします。

0歳児　1歳児　　　　　　　　　追視　操作

● 巻いた広告紙でしっかり持てる
ひらひら赤トンボ

振ると、羽がひらひらして楽しいトンボです。
保育者が振って見せたり、子どもが自分で持ったりしてあそびましょう。
トンボの体は広告紙を丸めて作るので、太さや硬さも調節できます。

リサイクル素材で作るおもちゃ

広告紙

簡単に作れるので、子どもたち一人一人に、マイトンボを作ってみてもいいですね。

テープを巻き付けてから半分に折り、間に不織布の羽を挟みます。

あそびプラス1　歌に合わせて

保育者がトンボの歌をうたいながら出し、歌い終わったら子どもの肩や頭にとまらせて、「○○ちゃんにとーまった。あそびに来たんだね」などと、言葉かけしてみてもいいですね。

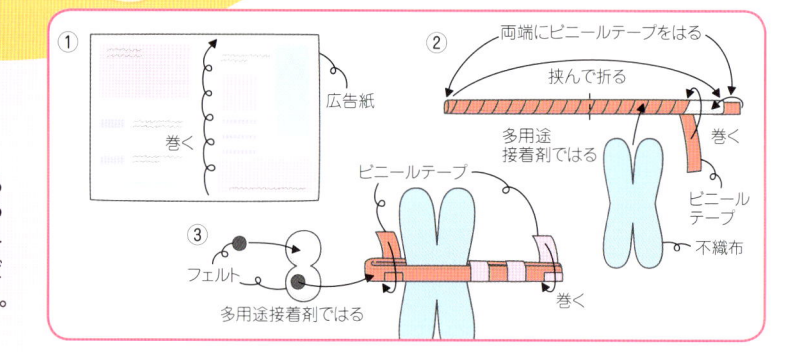

① 広告紙　巻く

② 両端にビニールテープをはる　挟んで折る　巻く
多用途接着剤ではる
ビニールテープ
不織布

③ フェルト　多用途接着剤ではる　巻く

| 0歳児 | 1歳児 | | 追視 | 操作 |

●ペットボトルをしんにして
ぱっと咲くフラワー

つぼみを押し出すとぱっと花が開く仕掛けは、ペットボトル。側面を細長く切った物を、花びらの間に挟んでしんにします。花を収納するトイレットペーパーのしんは、2つ重ねて丈夫に作りましょう。

あそびプラス1 お花でいない いない ばあ！

小さな子には保育者が出し入れして見せましょう。しんの中に花を収納したつぼみの状態で「いない いない……」。「ばあ！」で花を押し出してぱっと開きます。

リサイクル素材で作るおもちゃ　ペットボトル

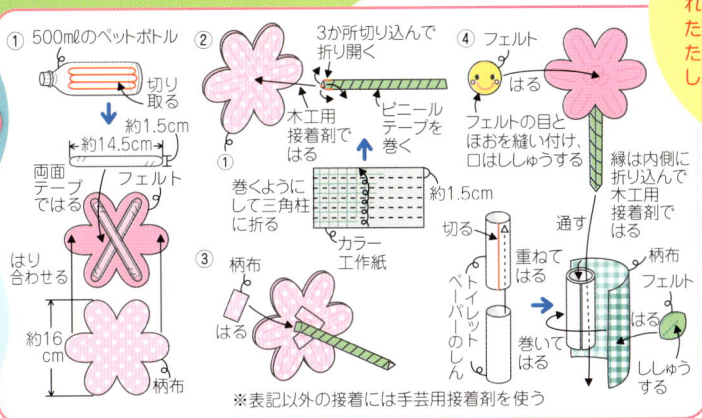

茎はカラー工作紙で作ります。切り込みを入れて折り開き、接着した後に、テープ状にした布をはって補強しましょう。

ペットボトルの側面を細長く切った物をフェルトにはってから、カバーするように柄布をはり合わせ、しっかりと固定します。

① 500mlのペットボトル　切り取る　約1.5cm　約14.5cm　両面テープではる　フェルト　はり合わせる　約16cm　柄布

② 3か所切り込んで折り開く　木工用接着剤ではる　①巻くようにして三角柱に折る　約1.5cm　カラー工作紙　③柄布　はる

④ フェルト　はる　ビニールテープを巻く　フェルトの目とほおを縫い付け、口はししゅうする　切る　通す　重ねてはる　トイレットペーパーのしん　巻いてはる　柄布　フェルト　はる　ししゅうする

縁は内側に折り込んで木工用接着剤ではる

※表記以外の接着には手芸用接着剤を使う

0歳児　1歳児　2歳児

●いろいろな空き容器で
開け閉めくるくる

ふた付きの容器やスティックのりの容器に布をはり、開けたり、回したりすると、楽しい絵などが出てくるようにしたおもちゃ。手首を回してひねる、つまんで回すなどの動きを楽しみます。

リサイクル素材で作るおもちゃ　空き容器

ふたの開閉がきつすぎない、いろいろな大きさのプラスチック容器を用意します。小さい物は指先で、大きな物はてのひらをいっぱいに開いて、つかんでひねることができるくらいの物がいいでしょう。

スティックのりの容器は、子どもがつまみやすい太さ。くるくると回すと、筒状の色画用紙が伸び縮みして、先端に付けた動物の絵が出たり、隠れたりします。

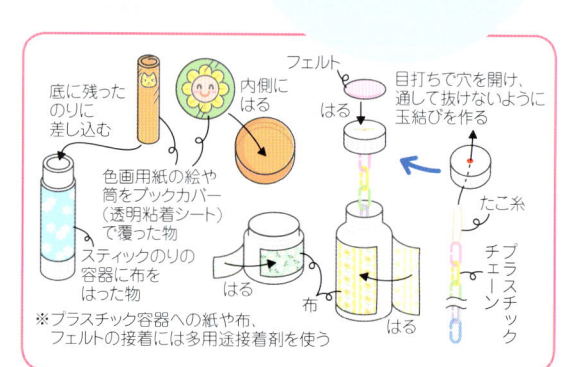

底に残ったのりに差し込む　内側にはる　フェルト　はる　目打ちで穴を開け、通して抜けないように玉結びを作る

色画用紙の絵や筒をブックカバー（透明粘着シート）で覆った物
スティックのりの容器に布をはった物

はる　布　はる　たこ糸　プラスチックチェーン

※プラスチック容器への紙や布、フェルトの接着には多用途接着剤を使う

操作

リサイクル素材で作るおもちゃ ● 空き容器

| あそび プラス1 | **プラスチックのチェーンを付けて** |

ふた付きの容器のふたの裏側にプラスチックチェーンを付けておきます。開けるときに、「今度は何が出てくるかな？」と声をかけると期待が膨らみます。開けた後は、チェーンを戻して、再びふたを閉めておきます。0歳児なら、チェーンの出し入れだけでも楽しいでしょう。

57

●牛乳パックに布をはって
パタパタボックス

0歳児　1歳児　　操作／認識

牛乳パックに布をはって、切り込みを入れるだけ。
勢いよく開け閉めすると、パタパタと音が鳴ります。
中に色画用紙の動物をはって、
「いない いない ばあ」や当てっこあそびに。

「ワンちゃんはどこにいるかな？」「ワンワン、いたね」などと、言葉かけをしながらあそびましょう。ふたが開け閉めしやすいよう、綿ロープを結んだつまみを付けました。

型紙 p.103

イヌ　ネコ　ウサギ

あそびプラス1　写真をはって
色画用紙の動物の代わりに、写真をはってみても。散歩で出会うイヌやネコ、園で飼育しているウサギや金魚など、子どもたちが普段ふれあっているいろいろな動物の写真をはるといいでしょう。

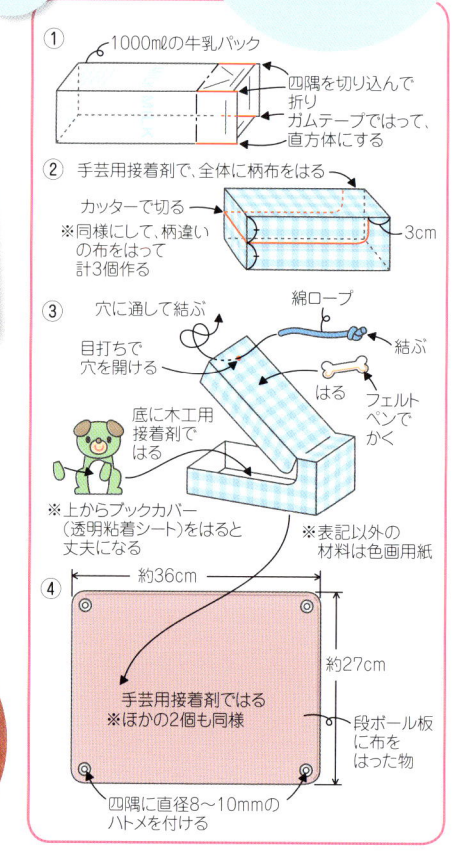

リサイクル素材で作るおもちゃ　●牛乳パック

① 1000mlの牛乳パック
四隅を切り込んで折り
ガムテープではって、直方体にする

② 手芸用接着剤で、全体に柄布をはる
カッターで切る
※同様にして、柄違いの布をはって計3個作る
3cm

③ 穴に通して結ぶ
目打ちで穴を開ける
底に木工用接着剤ではる
綿ロープ
結ぶ
はる
フェルトペンでかく
※上からブックカバー（透明粘着シート）をはると丈夫になる
※表記以外の材料は色画用紙

④ 約36cm
約27cm
手芸用接着剤ではる
※ほかの2個も同様
段ボール板に布をはった物
四隅に直径8〜10mmのハトメを付ける

0歳児　1歳児

操作　認識

●段ボール板を重ねて
こんにちはドア

開けると動物さんが顔を出すドアです。
ドアの中の動物は、色画用紙で作ったり、写真を使ったりしてもいいでしょう。
ドアの1つには鏡を付けました。
映った自分の姿にも、興味津々です。

ドアを開けてのぞき込み、「ワンワン、いた!」「ニャーニャー、いた!」とうれしそう。

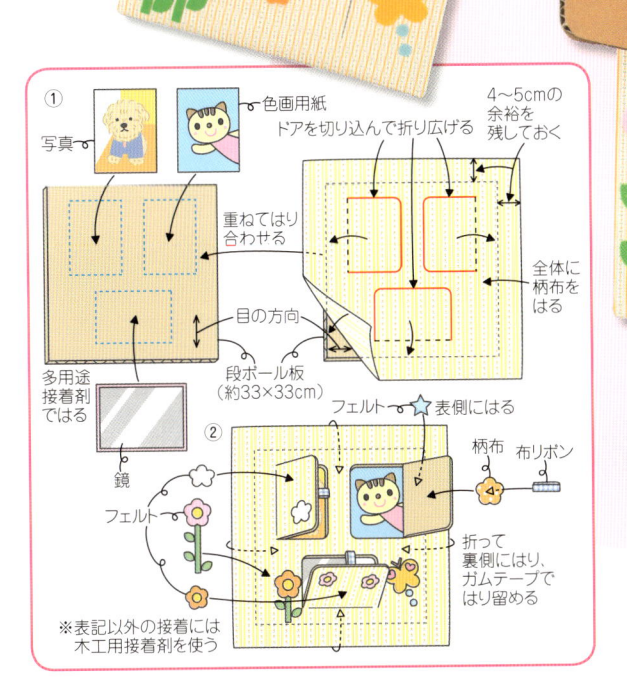

リサイクル素材で作るおもちゃ　●段ボール板

① 写真／色画用紙／ドアを切り込んで折り広げる／4〜5cmの余裕を残しておく／重ねてはり合わせる／全体に柄布をはる／目の方向／多用途接着剤ではる／鏡／段ボール板（約33×33cm）／フェルト／☆表側にはる

② 柄布／布リボン／フェルト／折って裏側にはり、ガムテープではり留める

※表記以外の接着には木工用接着剤を使う

あそびプラス1　言葉かけを工夫して

保育者がドアをノックして「コンコンコン、こんにちは、だれかいますか?」と言いながらドアを開け、「ネコちゃんだね」などと言葉かけをします。何度もあそぶうちに、子どもがネコちゃんになって「ニャーニャー」などと答えてくれることも。

59

0歳児　1歳児　2歳児

●三角柱にした牛乳パックで
パカッとボックス

開くと場面が展開する、変化が楽しいおもちゃです。
三角柱にした牛乳パックを2個、つなぎ合わせて作ります。
絵柄に合わせて、開きを横や縦に変えてみましょう。

型紙
p.104〜105

「いない いない ばあ!」をしたり、中からヒヨコやプレゼントが出てきたり、機関車の連結車両が増えたり……。パカッと開くのが楽しいおもちゃです。

プレゼント

イヌ

子どもたちが好きな物で作ると、開いたり、閉じたり、何度でも繰り返してあそびます。

機関車

リサイクル素材で作るおもちゃ

牛乳パック

操作 認識

リサイクル素材で作るおもちゃ

牛乳パック

お弁当

ミカン

卵&ヒヨコ

（お弁当）
① 切る ←1000mlの牛乳パック
多用途接着剤を付けて
重ねてはる
※同様にして2個作る

② ①を2つセロハンテープでつなげる
巻くようにしてはる
色画用紙

③ 色画用紙を切ってはり合わせた物
閉じる
はる

④ 色画用紙を切ってはり合わせた物
はる
切る

⑤ 切り込む
ブックカバー（透明粘着シート）を全体に巻くようには
左右は余分を内側に折り込んではる

※ほかも同様にして作る

あそびプラス1　まねっこあそびに

保育者がおもちゃを開いて「いない いない ばあ」をやってみせると、子どもも一緒になって、自分の手で「いない いない ばあ!」とまねっこあそびを楽しみます。

61

0歳児　1歳児　　　　　　　　　　　　　　　　　　　　　　操作

●牛乳パックのキューブに綿ロープを通して
ループボックス

立方体にした牛乳パックに穴を開けて綿ロープを通しました。こちらを引っ張るとあちらが縮んで……。色の違うひもを通してカラフルに作ると、見た目も楽しくなります。

リサイクル素材で作るおもちゃ　●　牛乳パック

1つの面にそれぞれ2つの穴を開け、綿ロープを通します。綿ロープは、両端を突き合わせてフェルトを巻いて縫い合わせ、それぞれの色ごとに輪にしています。

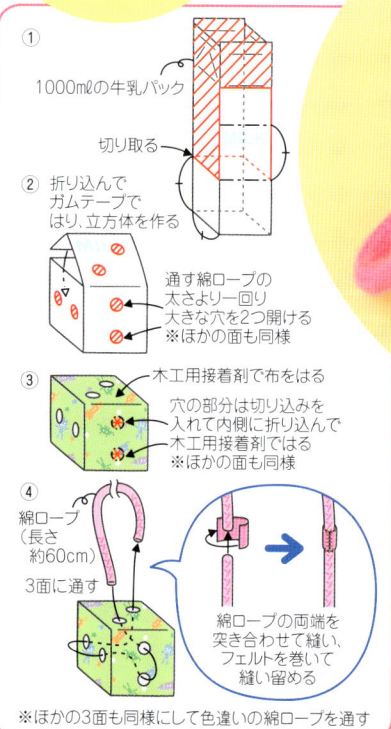

① 1000mlの牛乳パック／切り取る
② 折り込んでガムテープではり、立方体を作る／通す綿ロープの太さより一回り大きな穴を2つ開ける　※ほかの面も同様
③ 木工用接着剤で布をはる／穴の部分は切り込みを入れて内側に折り込み、木工用接着剤ではる　※ほかの面も同様
④ 綿ロープ（長さ約60cm）3面に通す／綿ロープの両端を突き合わせて縫い、フェルトを巻いて縫い留める

※ほかの3面も同様にして色違いの綿ロープを通す

あそびプラス1　ひもの動きを楽しんで

1歳児なら、はじめはつかんだひもを力任せに引くだけですが、そのうち、引くと出てきたり、引っ込んだりすることに気づいて、両手で1本ずつひもを持ち、同じ色のひもが動くのをおもしろがるようになります。

0歳児　1歳児　2歳児

音　操作　認識

● 新聞紙の張り子で作る
果物マラカス

リアルな形が楽しい張り子の果物は、本物の果物を型にして新聞紙と色画用紙をはり重ねて作ります。中にダイズを入れて、カラコロと音がするようにしました。

軽い仕上がりなので、小さな子どもにも持ちやすいです。型にするリンゴは、小さめの物を選ぶようにします。

リンゴ

はり重ねた新聞紙が乾いたら、半分に切って型から外し、中にダイズを入れてから再度合わせて、色画用紙をはって仕上げます。

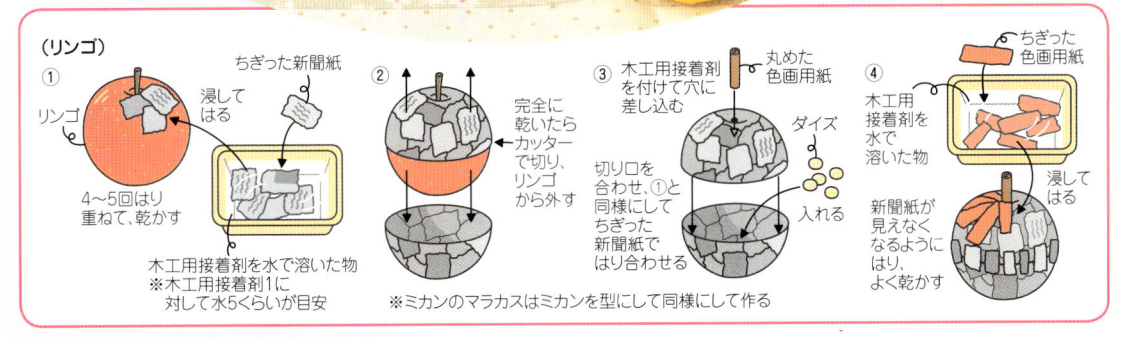

ミカン

リサイクル素材で作るおもちゃ ● 新聞紙

（リンゴ）

① リンゴ／ちぎった新聞紙／浸してはる
4〜5回はり重ねて、乾かす
木工用接着剤を水で溶いた物
※木工用接着剤1に対して水5くらいが目安

② 完全に乾いたらカッターで切り、リンゴから外す
※ミカンのマラカスはミカンを型にして同様にして作る

③ 木工用接着剤を付けて穴に差し込む／丸めた色画用紙／ダイズ／入れる
切り口を合わせ、①と同様にしてちぎった新聞紙ではり合わせる

④ ちぎった色画用紙／木工用接着剤を水で溶いた物／浸してはる
新聞紙が見えなくなるようにはり、よく乾かす

63

0歳児　1歳児　2歳児

● トイレットペーパーやテープのしんで

カラフル紙しん

紙しんに布をはるだけで、簡単にたくさん作れます。集めたり、所有したりすることにこだわりをもち、同じ物をたくさん欲しがる姿が出てくるころにぴったりのおもちゃです。

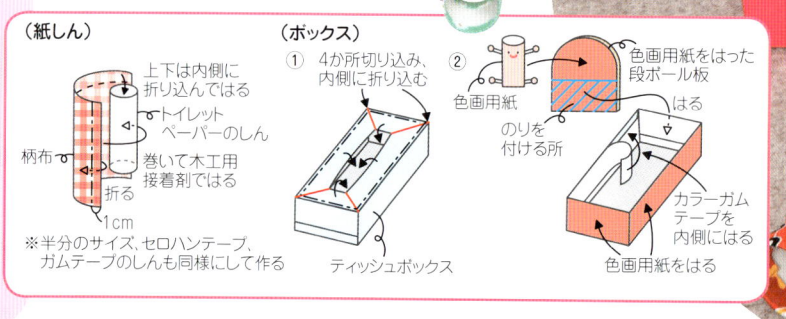

リサイクル素材で作るおもちゃ　●紙しん

0歳児なら、紙しんを転がしたり、回したりするだけでも楽しくあそべます。

紙しんは、大きさや色別に分類して、ボックスに入れておきましょう。

〈紙しん〉
- 上下は内側に折り込んではる
- トイレットペーパーのしん
- 柄布
- 巻いて木工用接着剤ではる
- 折る
- 1cm

※半分のサイズ、セロハンテープ、ガムテープのしんも同様にして作る

〈ボックス〉
① 4か所切り込み、内側に折り込む
- ティッシュボックス

② 色画用紙
- のりを付ける所
- 色画用紙をはった段ボール板
- はる
- カラーガムテープを内側にはる
- 色画用紙をはる

| 追視 | 操作 | 構成 | 認識 |

2歳児くらいになり、5本の指の動きが分化して細かい操作ができるようになると、まっすぐ、たくさん並べることができるようになり、満足感や達成感につながります。そしてそのことが、次のあそびへのステップになります。

あそびプラス1 「崩す」あそびを楽しむ

「長くなれ、長くなれ〜」「高くなれ、高くなれ〜」などと、紙しんを並べたり、積んだりすると、子どもたちは触りたくなって崩すはず！ そうしたら、「あ〜、壊れちゃったね。もう1回やってみようか」と言って、繰り返します。何回も崩した後は、並べたり、積み重ねたりするのをまねしてあそびます。そしてそれを楽しんだ後は、オリジナルな並べ方や積み重ね方へと発展するので、子どもたちにあそび方を任せてみましょう。

リサイクル素材で作るおもちゃ ● 紙しん

0歳児　1歳児　2歳児

● ティッシュの取り出し口を生かして

引っ張りくるくる

ティッシュボックスから色画用紙の帯を引っ張り出すと、テントウムシや自動車、風船がお散歩しているみたい。場面がどんどん変わって、絵本のように楽しめます。

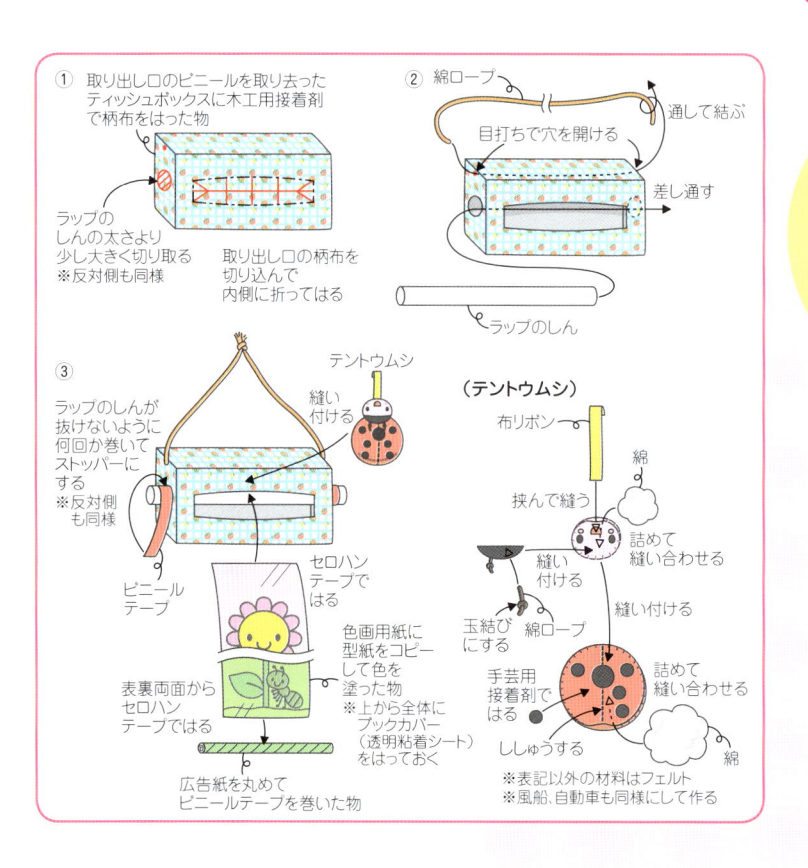

リサイクル素材で作るおもちゃ

ティッシュボックス

① 取り出し口のビニールを取り去ったティッシュボックスに木工用接着剤で柄布をはった物

ラップのしんの太さより少し大きく切り取る
※反対側も同様

取り出し口の柄布を切り込んで内側に折ってはる

② 綿ロープ
目打ちで穴を開ける
通して結ぶ
差し通す
ラップのしん

③ ラップのしんが抜けないように何回か巻いてストッパーにする
※反対側も同様

ビニールテープ

テントウムシ
縫い付ける

セロハンテープではる

表裏両面からセロハンテープではる

色画用紙に型紙をコピーして色を塗った物
※上から全体にブックカバー（透明粘着シート）をはっておく

広告紙を丸めてビニールテープを巻いた物

（テントウムシ）
布リボン
綿
挟んで縫う
詰めて縫い合わせる
縫い付ける
玉結びにする
綿ロープ
縫い付ける
手芸用接着剤ではる
ししゅうする
詰めて縫い合わせる
綿
※表記以外の材料はフェルト
※風船、自動車も同様にして作る

あそびプラス1

ストーリーを楽しんで

引き出すあそびが一段落したら、保育者が言葉を添えたり、簡単なお話をつけたりして帯を引き出すと、テントウムシがどんどん茎を登っていく様子や、自動車が道を走る様子、風船が空を昇る様子も楽しむようになります。

帯の先端には、丸めた広告紙にビニールテープを巻いたストッパーを付けました。最初は引っ張り出すのを楽しみます。子どもが引き出したら、保育者がその都度巻き戻しておきます。

操作　認識

ティッシュボックス

リサイクル素材で作るおもちゃ

風船

自動車

テントウムシ

「ヘリコプターだ。よけなくっちゃ！」ひもを持って風船を動かしながら、空をどんどん昇っていきます。

「分かれ道、どっちに行こうかな？」自動車を左右に動かして、道を選んであそびます。

「アオムシくんこんにちは！」次はだれに会うかな？テントウムシが出会う虫さんたちにごあいさつ。

型紙 p.106

67

粗大 操作

0歳児 1歳児 2歳児

●段ボール板を重ねて
くるくるお魚

魚の体に巻いたひもの先を持って魚を放すと、くるくるくると魚が回転して落ち、ひもがほどけます。
くるくる回りながら落ちる様子が楽しいおもちゃです。

リサイクル素材で作るおもちゃ　段ボール板

ひもはほどけたら、保育者がすぐに巻くようにします。巻いている様子を見せると、子どももやりたがり、巻いてあそべるようになります。

型紙 p.106

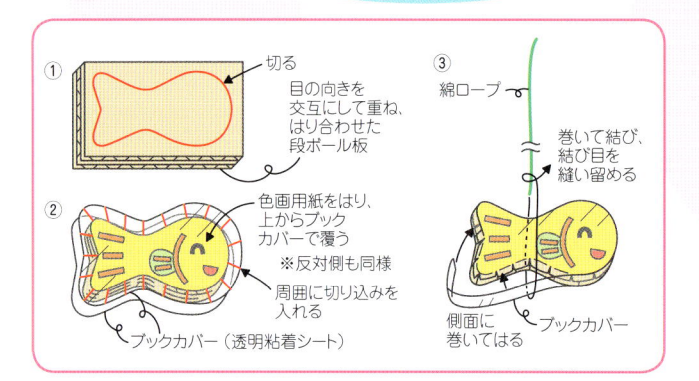

① 切る / 目の向きを交互にして重ね、はり合わせた段ボール板
② 色画用紙をはり、上からブックカバーで覆う　※反対側も同様　周囲に切り込みを入れる　ブックカバー（透明粘着シート）
③ 綿ロープ　巻いて結び、結び目を縫い留める　側面に巻いてはる　ブックカバー

あそびプラス1 てのひらや器に落として

2歳児ころになると、保育者や友達の手の上にくるくると落としたり、空き容器に入れたりができるようになります。容器に入れて「はい、ど〜ぞ」などと出して、あそびが盛り上がります。0歳児は、引っ張って歩くあそびも楽しいでしょう。

操作　ごっこ

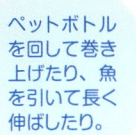

● ペットボトルを回して
巻き巻きおもちゃ

ペットボトルに綿テープを巻き上げてあそびます。
手首が上手に動かせるようになって、
くるくる回すのが楽しくなってくるころにぴったりのおもちゃです。
壁にしっかり固定するとあそびやすいでしょう。

ペットボトルを回して巻き上げたり、魚を引いて長く伸ばしたり。

綿テープはペットボトルに入れた切り込みに通し、輪にして縫い合わせています。

型紙
p.106

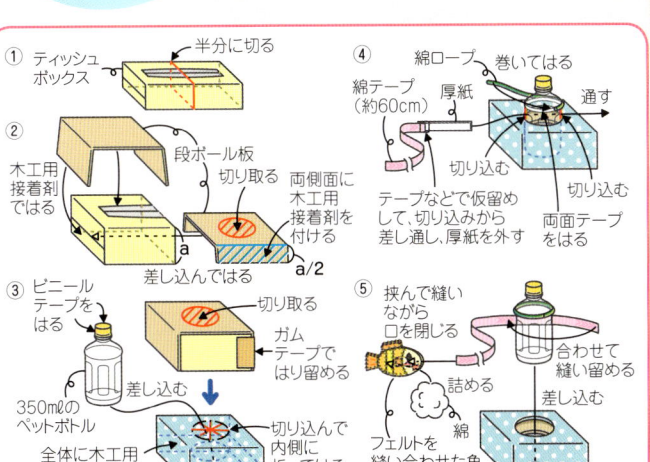

① ティッシュボックス
半分に切る

②
木工用接着剤ではる
段ボール板
切り取る
両側面に木工用接着剤を付ける
差し込んではる
a／a/2

③
ビニールテープをはる
350mlのペットボトル
差し込む
切り込んで内側に折ってはる
全体に木工用接着剤で布をはる

④
綿ロープ 巻いてはる
綿テープ（約60cm）
厚紙
通す
切り込む
切り込む
テープなどで仮留めして、切り込みから差し通し、厚紙を外す
両面テープをはる

⑤
挟んで縫いながら口を閉じる
合わせて縫い留める
ガムテープではり留める
綿
詰める
差し込む
フェルトを縫い合わせた魚

あそびプラス1　エレベーターごっこに

うえで〜す！

2歳児なら、回して引き上げ、逆回しをして降ろす、を指先だけで上手に操作してあそべるようになります。綿テープについたサルや魚をお客さんにみたてて、エレベーターごっこを楽しみます。0歳児は、サルや魚を引っ張るだけでも楽しいでしょう。

リサイクル素材で作るおもちゃ　ペットボトル

69

0歳児　1歳児　2歳児

●ティッシュボックスで

ぱくぱく！動物さん積み木

ティッシュボックスの取り出し口を生かして、布ばりで作る動物さん積み木。
いろいろな色や形のスポンジを食べさせてあそびましょう。
積み重ねたり、並べたりしても楽しいですね。

ティッシュボックスの半分の大きさの四角い箱は、中型積み木として積み重ねたり、並べたりも簡単。高〜く積み上げれば、動物さんのトーテムポールの出来上がり。

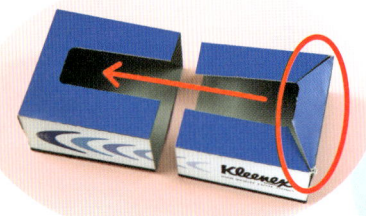

取り出し口のビニールを取り去ったティッシュボックスを半分に切り、片方にもう片方を差し込みます。差し込むほうの半分は、取り出し口から角に向けて切り込みを入れておきます。

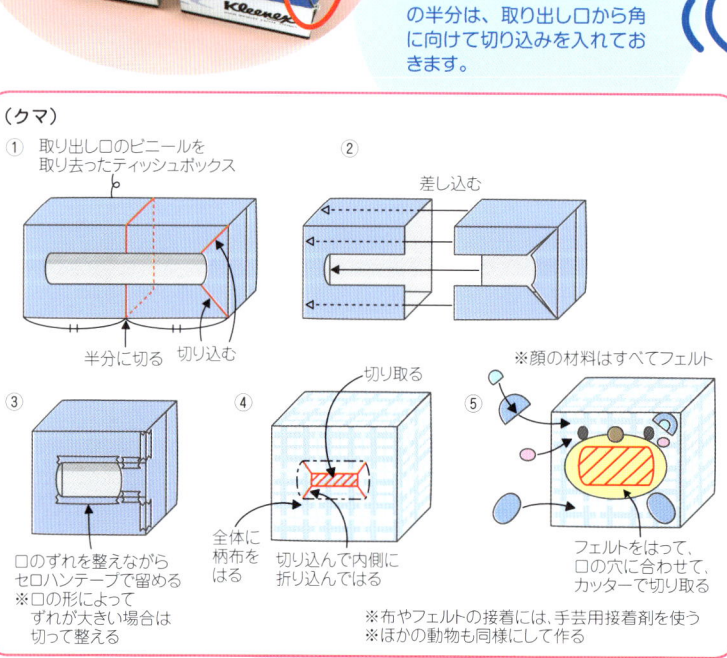

リサイクル素材で作るおもちゃ ●ティッシュボックス

〈クマ〉

① 取り出し口のビニールを取り去ったティッシュボックス
半分に切る　切り込み

② 差し込む

③ 口のずれを整えながらセロハンテープで留める
※口の形によってずれが大きい場合は切って整える

④ 切り取る
全体に柄布をはる
切り込んで内側に折り込んではる

⑤ ※顔の材料はすべてフェルト
フェルトをはって、口の穴に合わせて、カッターで切り取る

※布やフェルトの接着には、手芸用接着剤を使う
※ほかの動物も同様にして作る

操作　構成　認識　みたてつもり

リサイクル素材で作るおもちゃ ● ティッシュボックス

スポンジは柔らかいので、ぎゅっと押し込むと、口より大きい物もどんどん入ります。

あそびプラス1　色合わせを楽しんで
色に興味が出てきたら、「ワンちゃんと同じ色の食べ物はどこかな？」などと、動物とスポンジの色を合わせて食べさせるあそびにしても楽しいでしょう。

タヌキ　クマ　ネコ　ブタ　イヌ

71

1歳児　2歳児

●牛乳パックで丈夫に作る
マイ・スクーター

牛乳パックで作ったスクーターです。
ハンドルを握ってすっかりライダー気分！
何台か作って用意できるといいですね。
横にした牛乳パック2つ分が、
小さい子のお座りにちょうどいい高さです。

リサイクル素材で作るおもちゃ

牛乳パック

ハンドルはラップのしんで作りました。スピードメーターやナンバープレートも付けて、本物みたいに作りましょう。

あそびプラス1　足でけって進んで

乗ってあそべるおもちゃは子どもたちのお気に入り。足でけって前に進みます。床にビニールテープなどで道を作って走ってみても楽しいですね。

粗大 みたてつもり

スクーターと同様に牛乳パックで作る胴長のワンちゃん。お座りはもちろん、つかまったり、上ったり、楽しくあそべます。全体を布で包んでしっかりと作ります。

ブロック状にした基本の牛乳パックには、折り畳んだ牛乳パックを詰めておくと、子どもが乗ってもつぶれない丈夫なブロックになります。

イヌ

リサイクル素材で作るおもちゃ　牛乳パック

基本の牛乳パック

① 折り畳む　1000mlの牛乳パック
※同様にして3～4個作る
折る

② 四隅を切り込んで折り、ガムテープではる
3～4個入れる

（マイ・スクーター）

① 四隅を切り込む
丸めた新聞紙 詰める
切り取る
※もう1個も同様
穴を合わせて木工用接着剤ではり、ガムテープを巻く
合わせ目をガムテープではる
基本の牛乳パックを6個はり合わせた物

② ラップのしんを差し込んだ後、丸めた新聞紙を上まで詰めてふたをし、ガムテープではる
丸めた新聞紙
切り込む
※反対側も同様
差し込み、多用途接着剤ではる
画用紙で包む
ラップのしん

③ フェルトペンでかく
ビニールテープ
巻く
色画用紙をはる
12・34
※表記以外の材料は色画用紙

（イヌ）

① 基本の牛乳パック
20個を木工用接着剤ではり合わせる
合わせ目をガムテープではる

② 木工用接着剤ではる
※反対側も同様
木工用接着剤で柄布をはる
木工用接着剤ではる
底全面にフェルトをはる
木工用接着剤ではる
※反対側も同様
※表記以外の材料はフェルト

73

| 1歳児 | 2歳児 | | 粗大 | みたて つもり |

●びょうぶ折りの牛乳パックで
のびのびさん

びょうぶ折りにした体がびよ～ん、と伸びる
イモムシとキリン。
丈夫な牛乳パックを使って作ります。
伸ばしたり、縮めたり、繰り返し
あそんでくれそうですね。

リサイクル素材で作るおもちゃ ●牛乳パック

頭と足部分にあたる
上下の牛乳パックは、
伸ばしたり、縮めた
りしやすいように、
詰め物をして少し重
くしておきます。

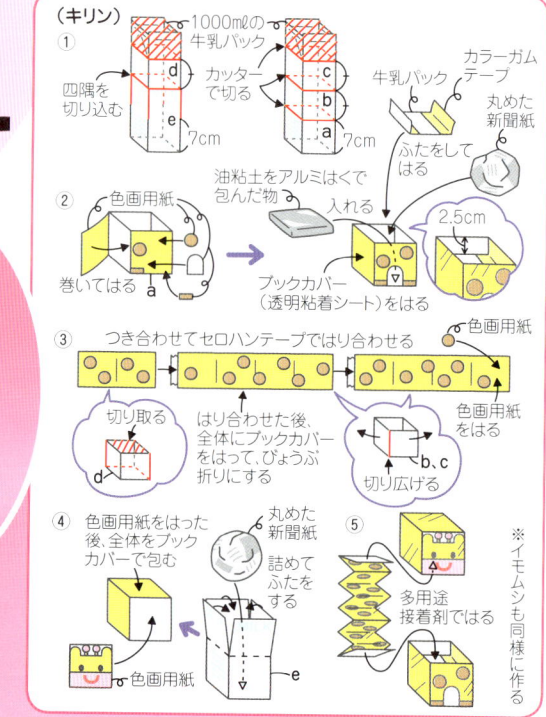

（キリン）
① 1000mlの牛乳パック／四隅を切り込む／カッターで切る／7cm／7cm／a, b, c, d, e／カラーガムテープ／牛乳パック／丸めた新聞紙／ふたをしてはる

② 色画用紙／油粘土をアルミはくで包んだ物／巻いてはる a／入れる／ブックカバー（透明粘着シート）をはる／2.5cm

③ つき合わせてセロハンテープではり合わせる／色画用紙をはる／切り取る d／はり合わせた後、全体にブックカバーをはって、びょうぶ折りにする／切り広げる b, c

④ 色画用紙をはった後、全体をブックカバーで包む／丸めた新聞紙／詰めてふたをする／色画用紙／e

⑤ 多用途接着剤ではる／※イモムシも同様に作る

キリン

イモムシ

型紙 p.107

あそびプラス1 まねっこあそびに

保育者がしゃがみ込み、キリンの首をびよ～んと
伸ばしながら立ち上がると、子どももまねをして
座った姿勢から立ち上がります。イモムシなら床
でくねくねさせ、子どもはイモムシのまねっこを
して動いてみるのも楽しいですね。

びよ～んと伸ばした
ときに子どもの背丈
くらいになるように
作ります。意外な迫
力にびっくり！

1歳児　2歳児　　　　　　　　　　　　　　　　　　　　　操作

●ヨーグルトカップに布をはって
カップのひも通し

ヨーグルトカップと綿ロープで作る簡単ひも通しです。ボタン掛けや靴を履くなど、指先がどんどん器用に動かせるようになってきたな、というころにぴったりのあそびです。

リサイクル素材で作るおもちゃ　●紙カップ

ひもを穴に入れて、穴から出てきたひもをつまみ出すとき、手を持ち替える必要があるあそびです。腕と指先を細かくコントロールする力が発達し、集中してあそべます。穴の大きさやひもの太さを、子どもの発達レベルに合わせて変えていくのもいいですね。

あそびプラス1

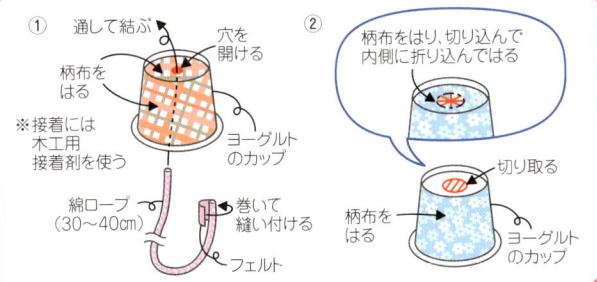

あそびに言葉を添えて

「いない いない ばあ」と言って、穴から綿ロープの先を出してみましょう。そして、「シューッ」と言ってカップを通してみせます。あそびに言葉を添えることで、注目しやすく、あそびのコツがつかみやすくなるでしょう。

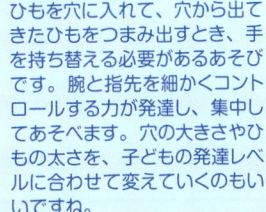

---

① 通して結ぶ／穴を開ける／柄布をはる／※接着には木工用接着剤を使う／綿ロープ（30〜40cm）／巻いて縫い付ける／フェルト／ヨーグルトのカップ

② 柄布をはり、切り込んで内側に折り込んではる／切り取る／柄布をはる／ヨーグルトのカップ

75

1歳児 2歳児

●ペットボトルにくぎを差して
トントンとんかち

ロボットの体に並んだペットボトルの口に、ふたと広告紙で作ったくぎを差して、ペットボトルのとんかちでたたいてあそびます。くぎはいろいろな色を用意すると、あそびが広がります。

1歳児なら、くぎを差し込むだけでも楽しめます。

リサイクル素材で作るおもちゃ ●ペットボトル

↑ふたの内側にはまる太さに広告紙を巻く

広告紙は、ふたの内側にはまる太さに巻くと、ペットボトルの口に程よく収まる仕上がりになります。

〈くぎ〉
① ビニールテープを交差するように4回はる
はる
② ペットボトルのふたに広告紙の棒（約8cm）を差した物
ビニールテープを巻く

〈とんかち〉
① ビニールテープを巻く
②の棒が通る穴を2個、向かい合った位置にカッターで開ける
280mlのペットボトル
② 広告紙を丸めてビニールテープを巻いた棒（長さ約27cm、太さ約2cm）
穴に突き通してビニールテープでしっかりとはる
当てて縁をビニールテープではる
段ボール板

〈ロボット〉
① 木綿地をはる　フェルト　はる
14cm　22cm
はめ込むペットボトルの大きさに合わせて丸く切り取る
はり合わせ
段ボール板　30cm
② 280〜500mlのペットボトルの上部をカッターで切った物
はる　木綿地をはる　フェルト

※布や段ボール板の接着には木工用、ペットボトルの接着には多用途接着剤を使う

操作　認識

リサイクル素材で作るおもちゃ　**ペットボトル**

あそびプラス1　色を決めて

色に興味が出てきたころなら、保育者が「赤のくぎを打ってみよう」などと、言葉かけをしてあそんでも楽しいでしょう。

とんかちでたたくと、くぎの頭の下、斜めになっているビニールテープ部分が伸びて中に入り、ぐいっと押し込んだ感覚が味わえます。

77

1歳児 2歳児

● 牛乳パックを畳んで

ぱたぱたさん

牛乳パックをしんにして、布でつないだおもちゃです。
ぱたぱたと畳んだり、くるくる巻いたり、長〜い形を変化させて、
いろいろなあそびが生まれます。

横にして、立てて囲いを作ります。

牛乳パックは、内側の白い面が表側になるようにして折り畳むと、薄手の布をはっても印刷が透けずにきれいに出来上がります。

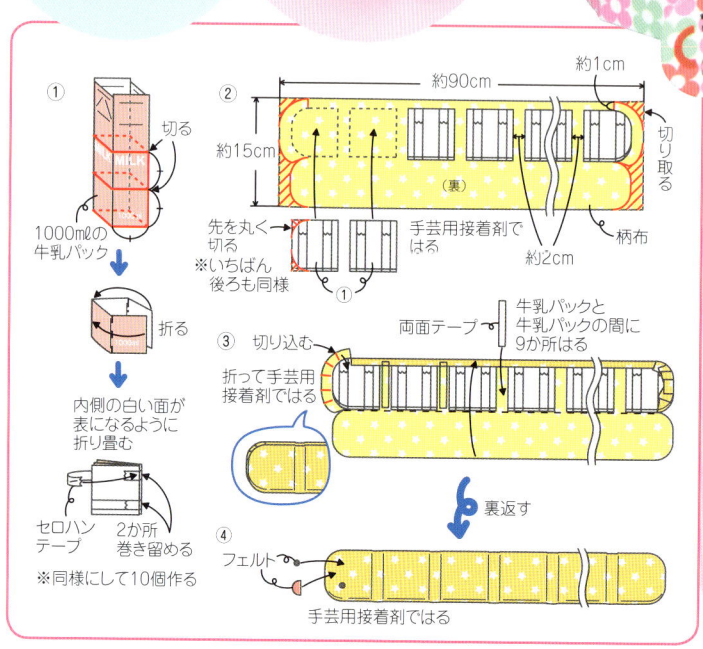

リサイクル素材で作るおもちゃ

牛乳パック

① 1000mlの牛乳パック　切る

折る

内側の白い面が表になるように折り畳む

セロハンテープ　2か所巻き留める

※同様にして10個作る

② 約90cm　約1cm
約15cm
（裏）
先を丸く切る
※いちばん後ろも同様
手芸用接着剤ではる
約2cm
柄布
切り取る

③ 切り込む
折って手芸用接着剤ではる
両面テープ
牛乳パックと牛乳パックの間に9か所はる

裏返す

④ フェルト
手芸用接着剤ではる

操作 みたて つもり

体に巻き付けてベルト!

あそび プラス1

替え歌でミニシアター

保育者が「おつかいありさん」の替え歌で、「ヘビさんとヘビさんが、ニョ〜ロニョロ」とうたい、2匹のヘビが出会うお話と歌を演じてもいいでしょう。子どもたちも気に入って歌ったり、ヘビ同士のごあいさつをしたりしてくれそうです。

こんにちは！

リサイクル素材で作るおもちゃ ● 牛乳パック

79

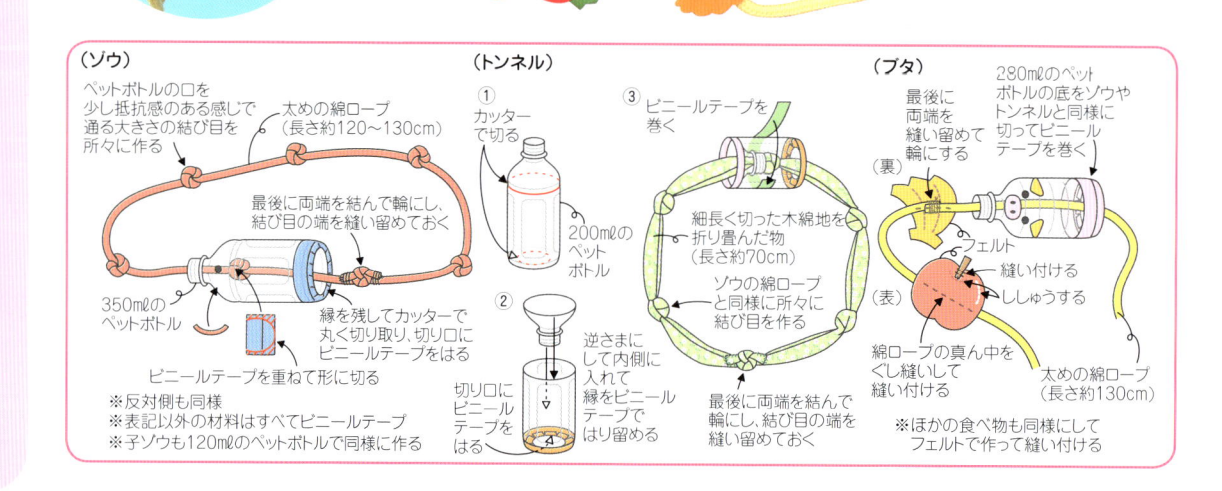

リサイクル素材で作るおもちゃ　ペットボトル

1歳児　2歳児

●ペットボトルの口がポイント

パクパクちゃん

ペットボトルの動物が、綿ロープの結び目やフェルトの食べ物をパクパク！
ペットボトルの口を通るときに少し抵抗感があって、強く引っ張るとスポッと通る感じがおもしろいおもちゃです。

食べ物のロープが輪になっているので、エンドレスに食べさせられます。柔らかいフェルトの食べ物は、大きく見えても、スルスルと入ります。子どもたちの好きな食べ物で作りましょう。

パクッ！

〈ゾウ〉

- ペットボトルの口を少し抵抗感のある感じで通る大きさの結び目を所々に作る
- 太めの綿ロープ（長さ約120〜130cm）
- 最後に両端を結んで輪にし、結び目の端を縫い留めておく
- 350mlのペットボトル
- 縁を残してカッターで丸く切り取り、切り口にビニールテープをはる
- ビニールテープを重ねて形に切る

※反対側も同様
※表記以外の材料はすべてビニールテープ
※子ゾウも120mlのペットボトルで同様に作る

〈トンネル〉

① カッターで切る
200mlのペットボトル

② 逆さまにして内側に入れて縁をビニールテープではり留める
切り口にビニールテープをはる

③ ビニールテープを巻く
- 細長く切った木綿地を折り畳んだ物（長さ約70cm）
- ゾウの綿ロープと同様に所々に結び目を作る
- 最後に両端を結んで輪にし、結び目の端を縫い留めておく

〈ブタ〉

- 最後に両端を縫い留めて輪にする
- 280mlのペットボトルの底をゾウやトンネルと同様に切ってビニールテープを巻く
- （裏）フェルト　縫い付ける　ししゅうする
- （表）綿ロープの真ん中をぐし縫いして縫い付ける
- 太めの綿ロープ（長さ約130cm）

※ほかの食べ物も同様にしてフェルトで作って縫い付ける

80

操作 みたてつもり

リサイクル素材で作るおもちゃ ● ペットボトル

ブタ

ゾウ

トンネル

あそびプラス1　言葉かけで楽しく

フェルトの食べ物や結び目がペットボトルの口を通るときに、保育者が「パクッ！」などと、食べる音を言葉で表現してみましょう。あそびの楽しさが増します。結び目のあるものは、大きさによって口の部分を通るときの抵抗感が変わります。子どもの様子に応じて、調節しましょう。

トンネルは切り取った口の部分を反対向きにして内側に入れました。

ペットボトルの底は、縁を残して切り取ると筒の形状を丈夫に保てます。切り口は、ビニールテープをはってカバーしましょう。

81

1歳児 2歳児

操作 みたてつもり

●ラップのしんを体にして
ファスナーちゃん

ファスナーを開け閉めしたり、綿ロープの手足を引っ張ったり、2つのあそびが楽しめる人形です。
ファスナーの長さを変えて、いろいろな顔で作ると楽しいでしょう。

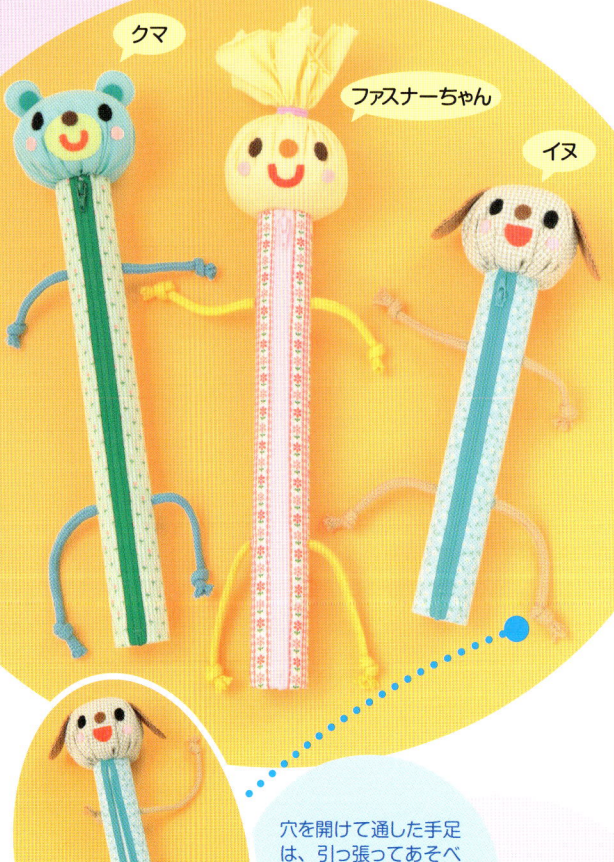

小さなつまみを指先でしっかりつまんで、ファスナーを開け閉め。手指の巧緻性を高めます。

クマ
ファスナーちゃん
イヌ

リサイクル素材で作るおもちゃ　紙しん

穴を開けて通した手足は、引っ張ってあそべます。綿ロープの両端は、穴から抜けないように、玉結びにしておきましょう。

〈クマ〉

① ラップのしんの外周に3cmくらい足した長さ
ラップのしんの長さに5cmくらい足した長さ
折る
布（裏）
2cmくらい
ピンキングはさみで切る

② ファスナー
縫い付ける

直径約20cmの円に縫い、糸を引いて縮める
ピンキングはさみで切る
直径36cmくらいの布
綿を置く
2〜3回糸を巻き付けて縫い留める

③ しんを通して両端の余った部分を内側に折り込んで手芸用接着剤ではる
ラップのしん
通す

④ 縫い付ける
綿
フェルトを2枚合わせて綿を入れた物
フェルト
縫い絞った余分をしんの中に入れて縫い付ける
目打ちで穴を開ける
玉結びをする
綿ロープ
通して玉結びをする

※イヌ、ファスナーちゃんも同様にして作る
ファスナーちゃんの顔は縫い絞った部分を上にして体に縫い付け、カラーゴムを巻いて飾る

1歳児 2歳児

感触　操作　認識　みたてつもり

●スチレン皿をぬらして
くっつくお魚

スチレン皿に油性フェルトペンで魚などの絵をかいて切り取りました。表裏とも絵をかいておくと、窓にはったときに反対側からも楽しめます。

まずは外すあそびから楽しみます。何度かあそんだ後は、保育者がはる姿をまねして、子どもたちもはるようになります。

魚などは水をはったバケツなどに入れて用意します。しっかり水をつけてから窓にはると、ペタッとくっつきます。水あそびの一つとしても楽しいですね。

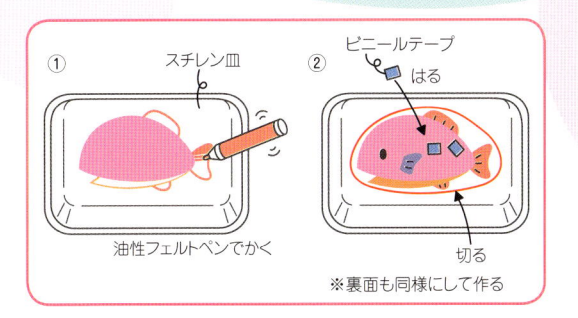

リサイクル素材で作るおもちゃ　スチレン皿

① スチレン皿　油性フェルトペンでかく
② ビニールテープ　はる　切る
※裏面も同様にして作る

あそびプラス1　イメージする楽しさを育てて

いろいろなあそびが広がる2歳児は、みたてやつもりあそびも楽しいときです。保育者が窓を海にみたてて、お話をしながら、魚やタコをはっていきましょう。子どもたちが手を伸ばしてきたら、「お魚、捕まえられるかな?」などと声をかけましょう。手指の機能を使うあそびに、ごっこあそびの要素やストーリー性をもたせると、手のあそびだけでなく、イメージする楽しさも味わえます。

83

1歳児 2歳児

● 段ボール箱と段ボール板で

ジャンボ転がし

子どもたちは大きなおもちゃも大好き。
おなじみの転がしおもちゃを、
段ボール箱を使って大きく作りました。
転がる様子もユニークです。

保育者が転がしてみせると、すぐにまねをして自分で転がします。

リサイクル素材で作るおもちゃ

段ボール箱

（星＆花）

① 段ボール板をはった後、4辺に木工用接着剤ではって補強する

木工用接着剤ではる

段ボール箱
※ミカン箱などのしっかりした箱を使うようにする

布

色画用紙をはる

段ボール板（ダブル）を2枚はり合わせた物
※間に挟む段ボール箱の側面の対角線の長さを直径にして、円形に切る

色画用紙

② 色画用紙

※ほかの3面も同様にしてはる

色画用紙

巻いてはる

ブックカバー（透明粘着シート）をはる

※色画用紙をはった胴の部分にも、最後にブックカバーをはる

※ライオンも同様にして作る

あそびプラス1

テーブルにして

円板は2層になったダブルの段ボール板を、2枚重ねて丈夫に作っているので、箱を立ててテーブルにしてもあそべます。転がるライオンをまねて、転がるあそびに発展させてもおもしろいでしょう。

粗大　認識

リサイクル素材で作るおもちゃ　段ボール箱

コブタ　ネコ　タヌキ　キツネ

段ボール箱の側面は「コブタヌキツネコ」のように、しりとりになる絵柄で飾っても楽しいでしょう。

型紙 p.107～108

ライオン　星&花

ライオンの反対側はしっぽ。星の反対側は花の絵で作りました。

段ボール箱と円板は接着剤でしっかりはり合わせ、さらに4辺に布をはって補強します。

リサイクル素材で作るおもちゃ ● ペットボトル

1歳児　2歳児

●ペットボトルとフェルトで
動物さんスティック

ペットボトルのふたに穴を開け、広告紙の棒を通してフェルトで作った動物の顔を付けました。動物のスティックを集めて持つだけでも楽しいおもちゃです。

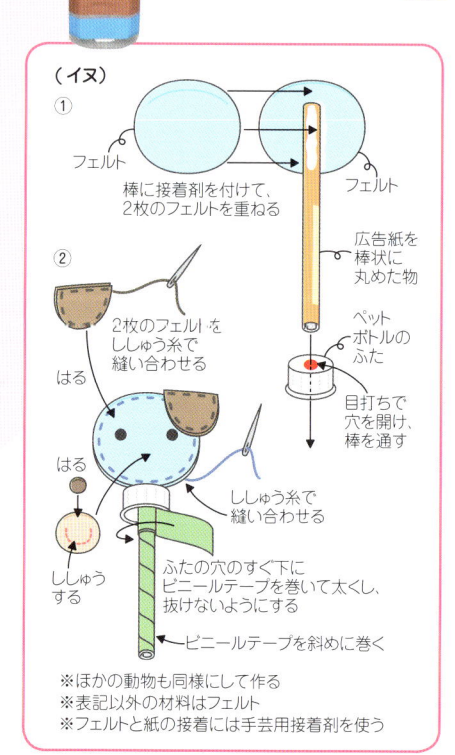

ペットボトルの口にスティックを差し込んであそびます。

スティックを付け替えて、着せ替えあそびを楽しむこともできます。

（イヌ）

① フェルト／フェルト
棒に接着剤を付けて、2枚のフェルトを重ねる

広告紙を棒状に丸めた物

ペットボトルのふた

目打ちで穴を開け、棒を通す

② 2枚のフェルトをししゅう糸で縫い合わせる

はる
はる
ししゅうする

ししゅう糸で縫い合わせる

ふたの穴のすぐ下にビニールテープを巻いて太くし、抜けないようにする

ビニールテープを斜めに巻く

※ほかの動物も同様にして作る
※表記以外の材料はフェルト
※フェルトと紙の接着には手芸用接着剤を使う

操作　みたてつもり

イヌ

ウサギ

ネコ

クマ

カエル

型紙
p.109

リサイクル素材で作るおもちゃ
ペットボトル

ビニールテープを巻いたペットボトルを用意して、スティックを差してふたを閉めると体になります。ペットボトルの形やビニールテープの色を変えてたくさん用意しましょう。

あそび
プラス1

たくさん持って
何かを持つことが好きな1歳児ころには、両手にたくさん物を集めて持つ姿が見られます。持ちやすいスティックのおもちゃは、そんなあそびにもピッタリ。たくさん用意して満足するまで持てるようにできるといいですね。

1歳児　2歳児

●牛乳パックをキューブにして

お弁当並べ

牛乳パックで作ったキューブに、色画用紙で作ったおにぎりやおかずをはって子どもたちの大好きなお弁当を作りました。段ボール板で作ったお弁当箱に詰めてあそびます。

リサイクル素材で作るおもちゃ

● 牛乳パック

食べ物の名前を言いながら、全種類が表に出るように並べた後は、だ～い好きなイチゴだけを並べて大満足。

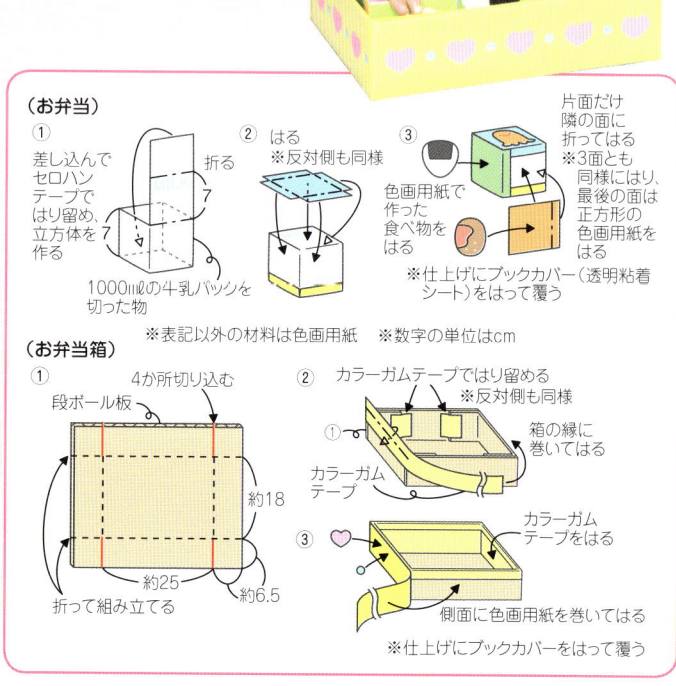

〈お弁当〉

① 差し込んでセロハンテープではり留め、立方体を作る
1000mlの牛乳パックを切った物
7

② はる
※反対側も同様
折る
7

③ 色画用紙で作った食べ物をはる
片面だけ隣の面に折ってはる
※3面とも同様にはり、最後の面は正方形の色画用紙をはる

※仕上げにブックカバー（透明粘着シート）をはって覆う

※表記以外の材料は色画用紙　※数字の単位はcm

〈お弁当箱〉

① 4か所切り込む
段ボール板
約18
約25　約6.5
折って組み立てる

② カラーガムテープではり留める
※反対側も同様
箱の縁に巻いてはる
カラーガムテープ

③ カラーガムテープをはる
側面に色画用紙を巻いてはる

※仕上げにブックカバーをはって覆う

構成　認識　ごっこ

6つのキューブはすべて同じ絵柄の組み合わせで作ります。同じ絵柄をそろえたり、好きな食べ物をいろいろ並べたり。お弁当箱は少し大きめに作ると、出し入れがしやすく、あそびやすいでしょう。

リサイクル素材で作るおもちゃ ● 牛乳パック

型紙 p.110

あそび プラス1

お店屋さんごっこに

1〜2歳児ころは、このおもちゃがとってもお気に入り。1歳児も集中してあそびます。2歳児になると、お店屋さんになって食べ物を出す人と食べる人に分かれ、ごっこあそびを楽しむ姿も見られます。

1歳児　2歳児

● 空き箱に合わせて

段々ボックス

既製の空き箱に合わせてサイズを変えた箱を作り、入れ子にしました。底の内側と外側には同じ絵柄のキャラクターをはってポイントに。並べたり、重ねたり、自由に楽しくあそべます。

最初はどんどん出すあそびから。2歳児ころになると大きさの関係がわかって、順番にしまうこともできるようになります。

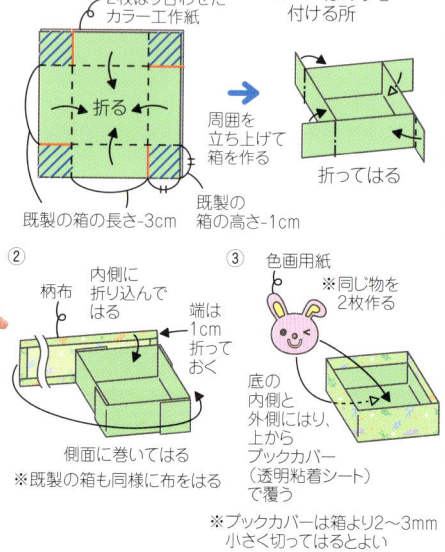

大きいほうから順に積み重ねると、こんなタワーに。何度か繰り返しあそぶうちに成功！

リサイクル素材で作るおもちゃ　●空き箱

① 裏面を合わせて2枚をはり合わせたカラー工作紙
折る
周囲を立ち上げて箱を作る
折ってはる
※ ━━ は切り込み線
※ ▨▨ はのりを付ける所
既製の箱の長さ-3cm
既製の箱の高さ-1cm

② 柄布
内側に折り込んではる
端は1cm折っておく
側面に巻いてはる
※既製の箱も同様に布をはる

③ 色画用紙
※同じ物を2枚作る
底の内側と外側にはり、上からブックカバー（透明粘着シート）で覆う
※ブックカバーは箱より2〜3mm小さく切ってはるとよい

※同様にして底辺のサイズを3cmくらいずつ小さくして、高さは変えずに3〜4個作る

90

構成　認識

底の外側（写真上）と内側（写真下）には、同じ動物の顔をはりました。箱を出すときも、積み重ねるときも顔が見えて、楽しくあそべます。

リサイクル素材で作るおもちゃ

空き箱

型紙
p.110〜111

あそび
プラス1

あそび方いろいろ
小さい箱の上に大きい箱をかぶせて隠すあそびや、動物を紹介して並べるあそび、箱の中にそれぞれの動物に合った食べ物のおもちゃを入れるなど、いろいろなあそびが楽しめます。動物の顔が見えるように箱を立てて、積み重ねるのも楽しいでしょう。

1歳児　2歳児

●チーズなどの丸い箱を使って

ぴったりパズル

パズルのピースは、箱に合わせて段ボール板をはり重ねて厚みを出し、フェルトや色画用紙で覆って作ります。
ピースの数は子どもたちの様子に合わせて調節しましょう。

リサイクル素材で作るおもちゃ　●空き箱

ふたの絵柄とピースの絵柄を同じに作ると、絵を見ながらあそべます。

（リンゴ）

① 丸いチーズの空き箱
（底）
上に載せ、型を取る
段ボール板の目を交互にして4～5枚（容器の高さに合わせる）はり合わせた物

② ①で付けた型より3mmほど内側を切る
3等分に切る

③ フェルトは両面テープなどで仮留めしておくとよい
フェルト
縫い合わせる
※同様にして3個作る

④ フェルト
縫い付ける
※同様にして2枚作る

⑤ それぞれのパーツに縫い付ける
切る

⑥ 切り込みを入れる
柄布
縫い付ける
丸いチーズの空き箱（ふた）
木工用接着剤を付ける
はる
木工用接着剤を付けて巻いてはる
端は5mm程度折っておく
柄布

※サクランボは2ピースにして同様に作る
※イチゴは4ピースにして色画用紙をはって作り、ブックカバー（透明粘着シート）で覆う

構成　認識　ごっこ

リサイクル素材で作るおもちゃ　**空き箱**

絵柄に関係なく並べてあそぶことも。

イチゴ

リンゴ

サクランボ

型紙 p.111

あそびプラス1

レストランごっこに
保育者がお店の人になって、ばらばらにしたピースと容器を運びます。お客の子どもたちが絵を合わせて、できたら食べられるという、ちょっと変わったレストランごっこをしても盛り上がります。

おまたせしました〜!

93

リサイクル素材で作るおもちゃ ● ティッシュボックス

1歳児　2歳児

● ティッシュボックスに布をはって

お散歩ペットくん

綿テープの足が体の動きに合わせてふわふわと、まるで歩いているみたいに動くユニークな動物さんです。
何かを持って歩くのが大好きなころの子どもにぴったりです。

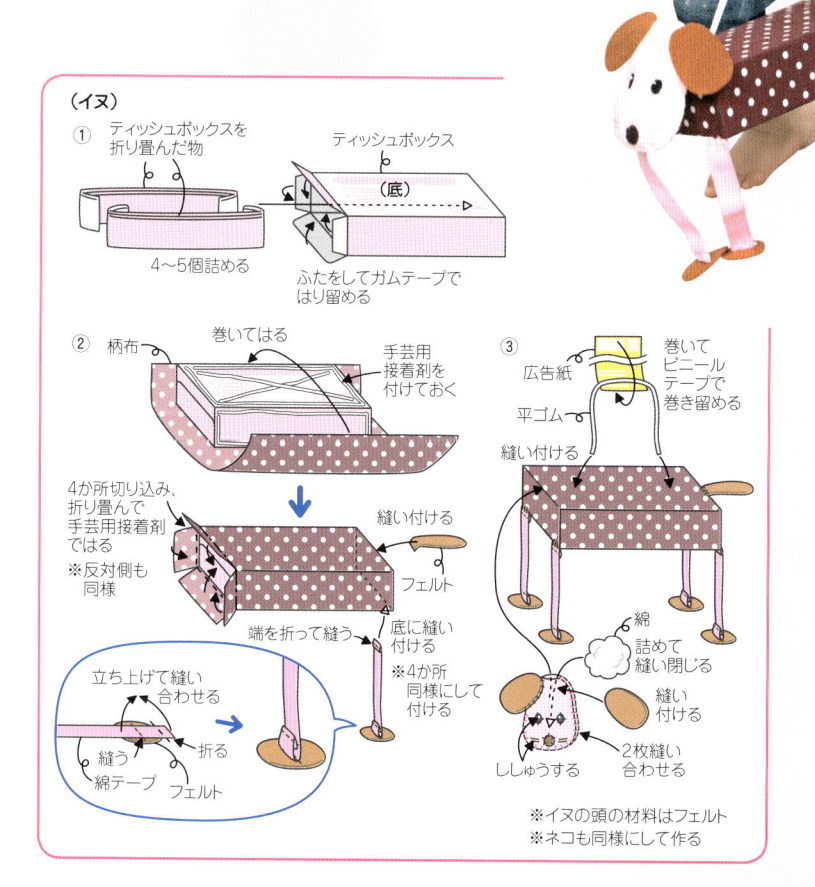

〈イヌ〉

① ティッシュボックスを折り畳んだ物　　ティッシュボックス（底）
4～5個詰める
ふたをしてガムテープではり留める

② 柄布　巻いてはる　手芸用接着剤を付けておく
4か所切り込み、折り畳んで手芸用接着剤ではる
※反対側も同様
縫い付ける
フェルト
端を折って縫う
底に縫い付ける
※4か所同様にして付ける

立ち上げて縫い合わせる
縫う　折る
綿テープ　フェルト

③ 広告紙　巻いてビニールテープで巻き留める
平ゴム
縫い付ける
綿　詰めて縫い閉じる
縫い付ける
ししゅうする
2枚縫い合わせる

※イヌの頭の材料はフェルト
※ネコも同様にして作る

| 感触 | 粗大 | みたて つもり |

リサイクル素材で作るおもちゃ
ティッシュボックス

ゴムが伸び縮みする感触を楽しみながら、持ち歩きます。

型紙 p.111

ネコ

イヌ

あそび プラス1　かわいいペットにして

2歳児なら、話しかけながら保育室を連れて回り、なでたり、だっこしたりしてペットのようにしてあそびます。いろいろな所へのお散歩ごっこも楽しむでしょう。

ぎゅっ

95

1歳児　2歳児　　　　　　　　操作　構成　認識　みたてつもり

● 紙しんの太さを変えて
重ねっこ動物

トイレットペーパーのしんの太さを調節して、重なるように作りました。
いろいろな動物でカラフルに作りましょう。
真ん中になるほど背を高く作ると、あそびやすくなります。

太い動物に細い動物を入れたり、出したりしてあそびます。順番に入れて重ねるだけでなく、すでに入っていたら、もう入らないことも認識できます。

カエル　　イヌ　　ネコ　　クマ

リサイクル素材で作るおもちゃ　●紙しん

厚紙を底にはり、全体にブックカバーをはって丈夫に作ります。

あそびプラス1　グループに分けて

同じ動物で太さと高さを変えて3種類作っています。動物が認識できるようになると、動物ごとに分けて重ねたり、お父さん、お母さんなどと言ったりしてあそぶようになります。

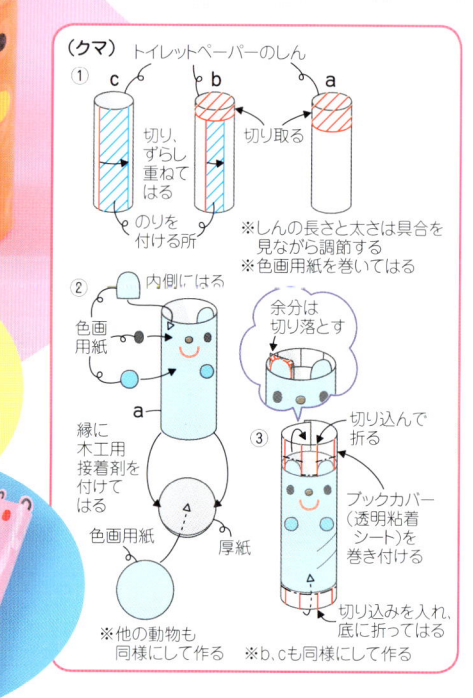

〈クマ〉
① トイレットペーパーのしん
c　切り、ずらし重ねてはる
b　切り取る
a
のりをつける所
※しんの長さと太さは具合を見ながら調節する
※色画用紙を巻いてはる

② 内側にはる
色画用紙
余分は切り落とす
a
縁に木工用接着剤をつけてはる
色画用紙
厚紙

③ 切り込んで折る
ブックカバー（透明粘着シート）を巻き付ける
切り込みを入れ、底に折ってはる

※他の動物も同様にして作る
※b、cも同様にして作る

96

便利に使える 型紙

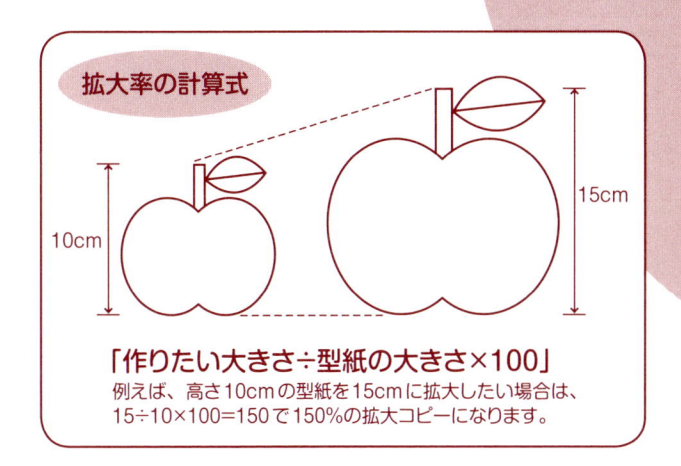

本書で紹介しているおもちゃの型紙です。
作りたい大きさにコピーして作ってください。
拡大率を計算すると、無駄なくコピーすることができます。

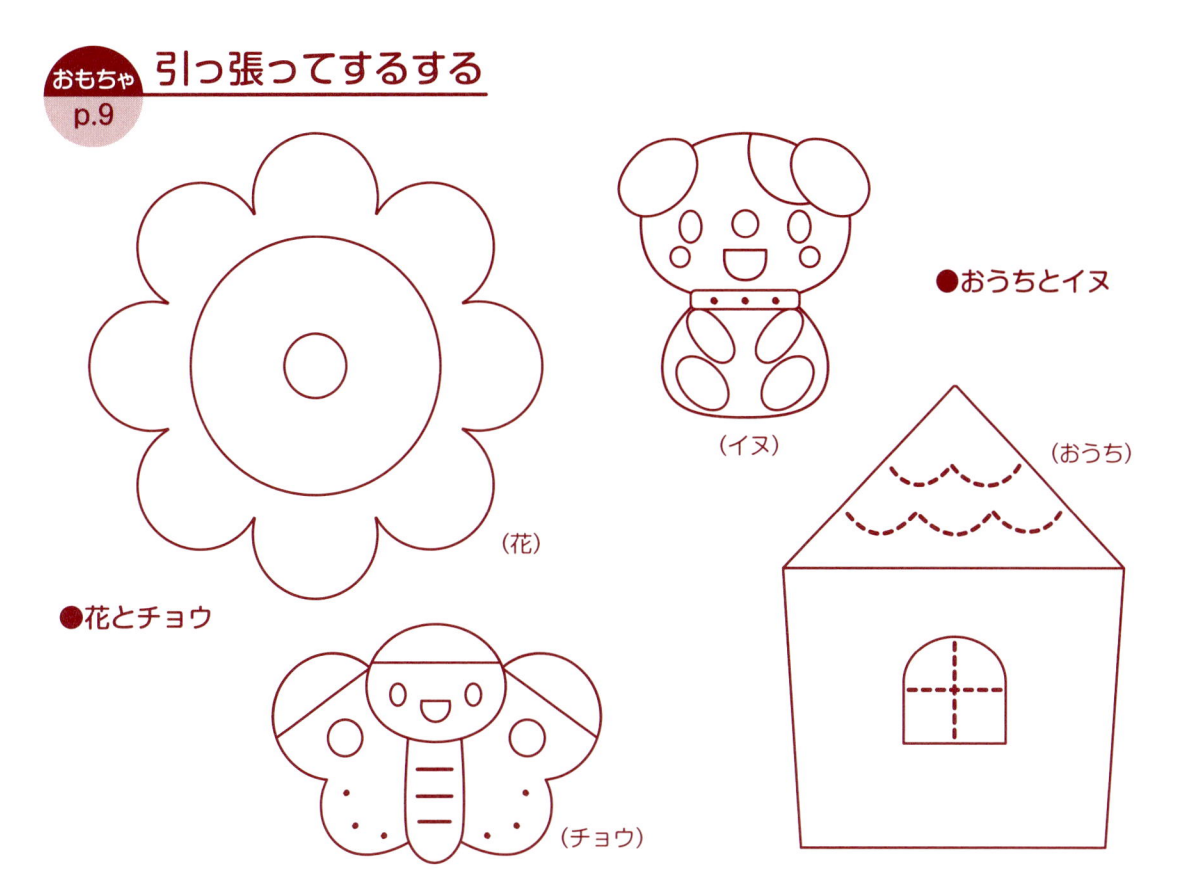

拡大率の計算式

「作りたい大きさ÷型紙の大きさ×100」
例えば、高さ10cmの型紙を15cmに拡大したい場合は、
15÷10×100＝150で150％の拡大コピーになります。

おもちゃ p.9 引っ張ってするする

●花とチョウ
（花）
（チョウ）

●おうちとイヌ
（イヌ）
（おうち）

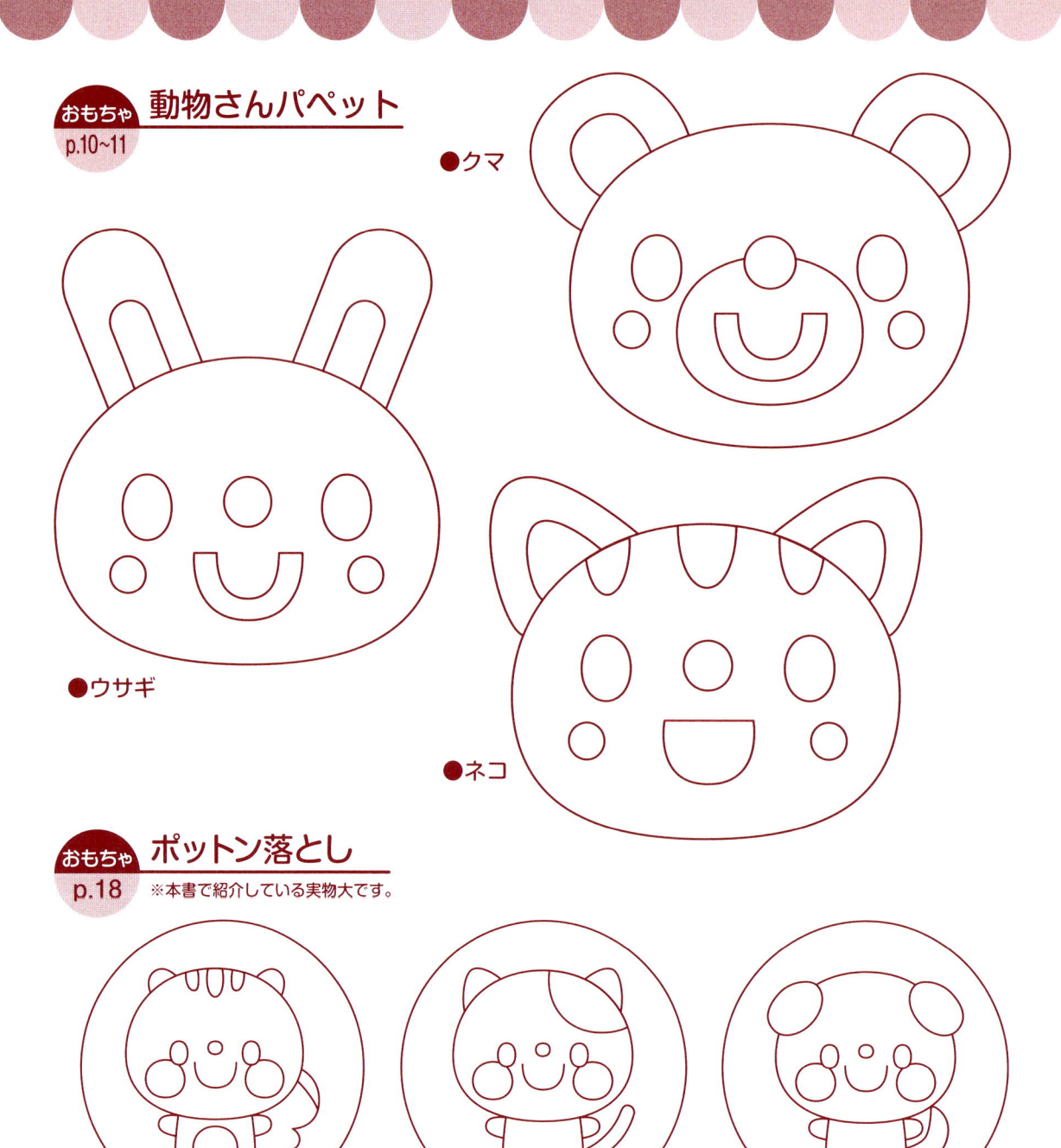

おもちゃ p.10~11 動物さんパペット

●クマ

●ウサギ

●ネコ

おもちゃ p.18 ポットン落とし
※本書で紹介している実物大です。

●リス

●ネコ

●イヌ

●クマ　　　●ゾウ　　　●ペンギン

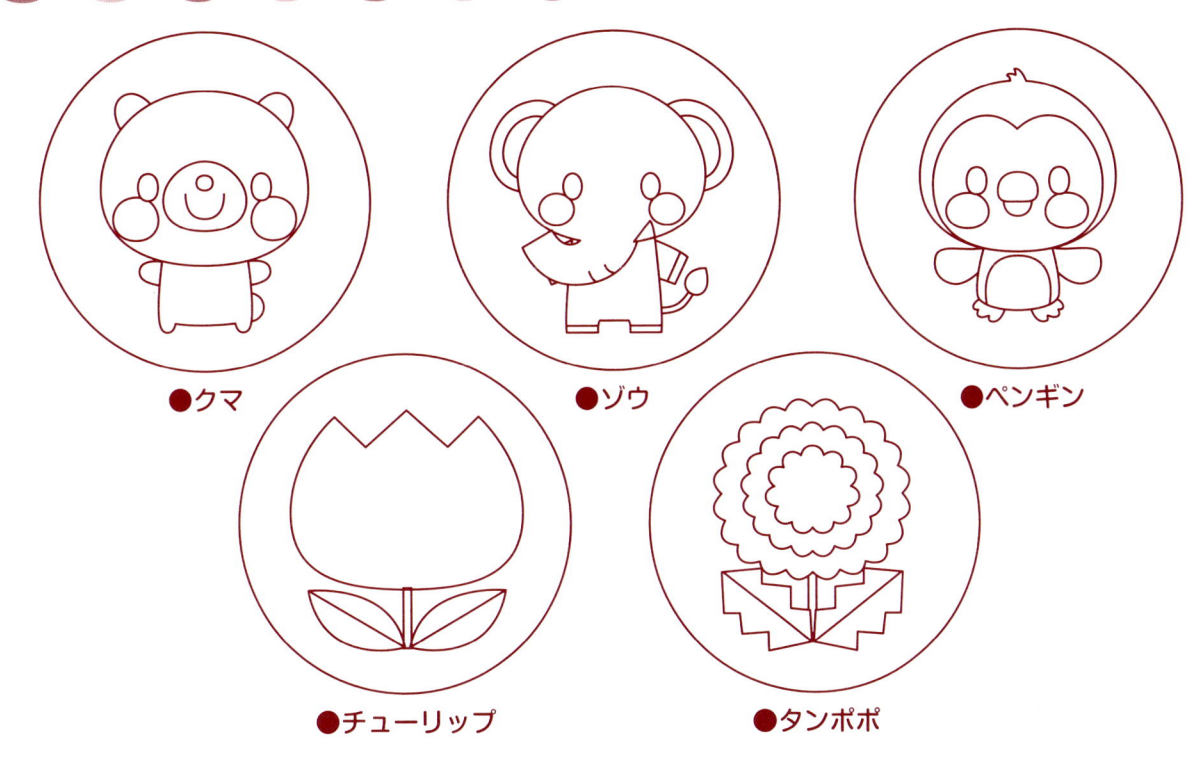

●チューリップ　　　●タンポポ

おもちゃ p.20 ゾウさんの大好きリング

●ゾウ

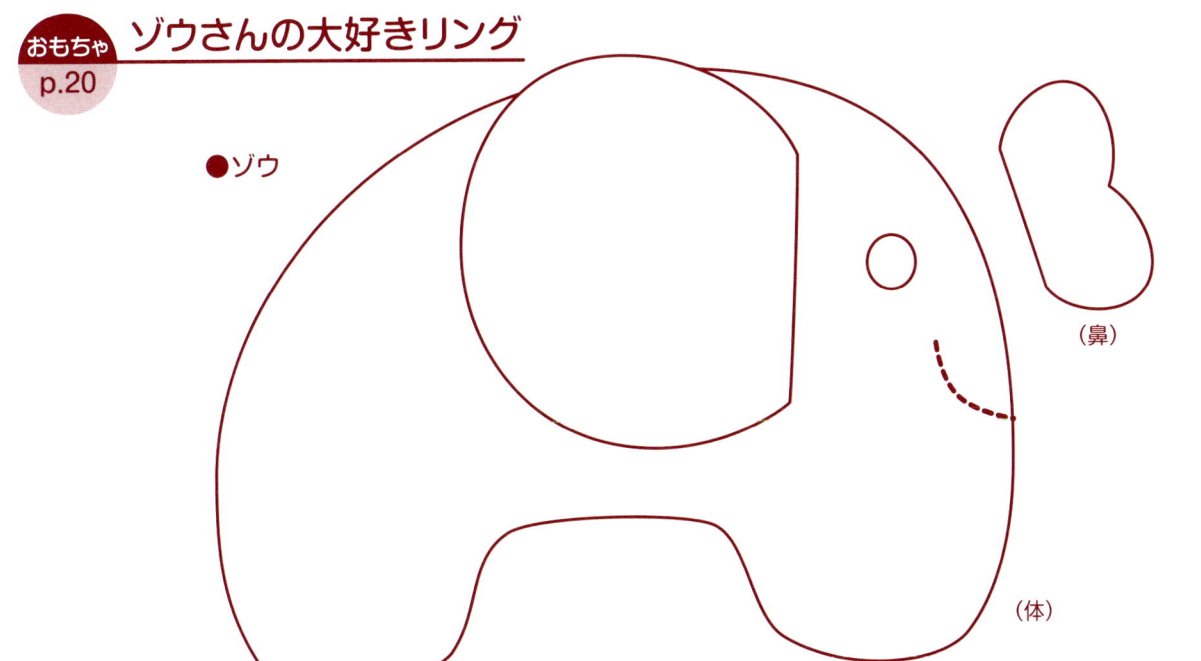

(鼻)

(体)

99

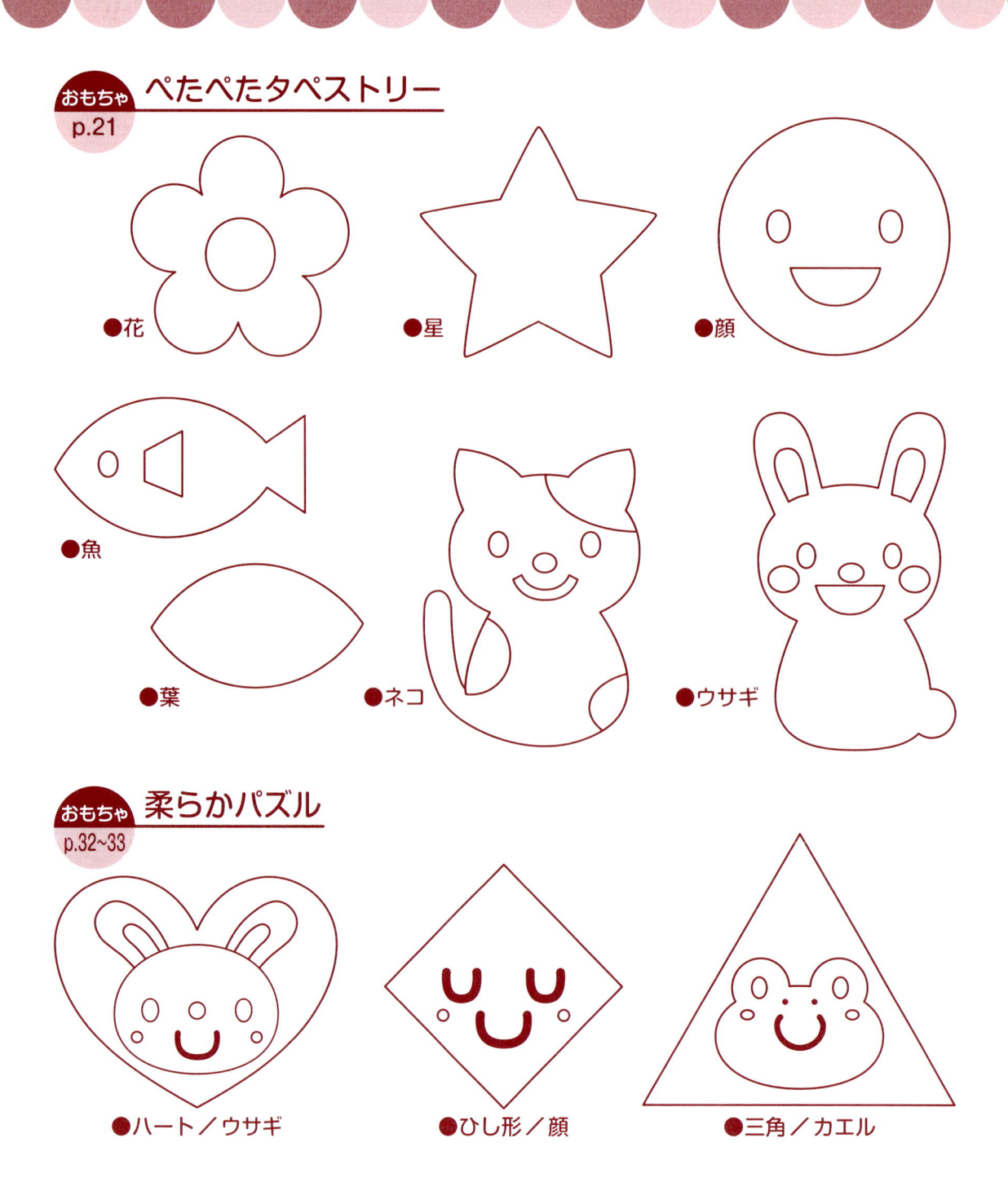

おもちゃ	**ぺたぺたタペストリー**
p.21	

- 花
- 星
- 顔
- 魚
- 葉
- ネコ
- ウサギ

おもちゃ	**柔らかパズル**
p.32~33	

- ハート／ウサギ
- ひし形／顔
- 三角／カエル

●ひし形／花　　●丸／クマ　　●四角／顔

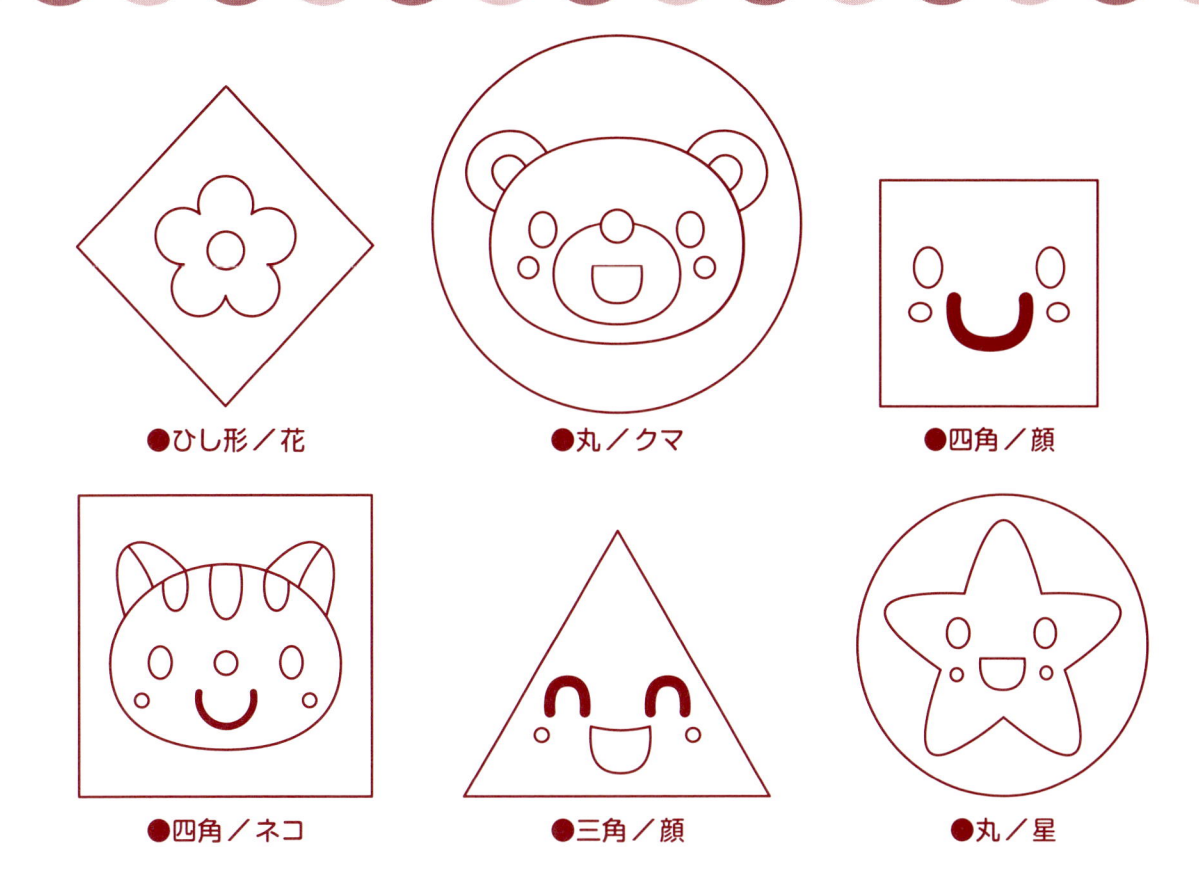

●四角／ネコ　　●三角／顔　　●丸／星

おもちゃ p.42 **ぽっとんカンカン**
※本書で紹介している実物大です。

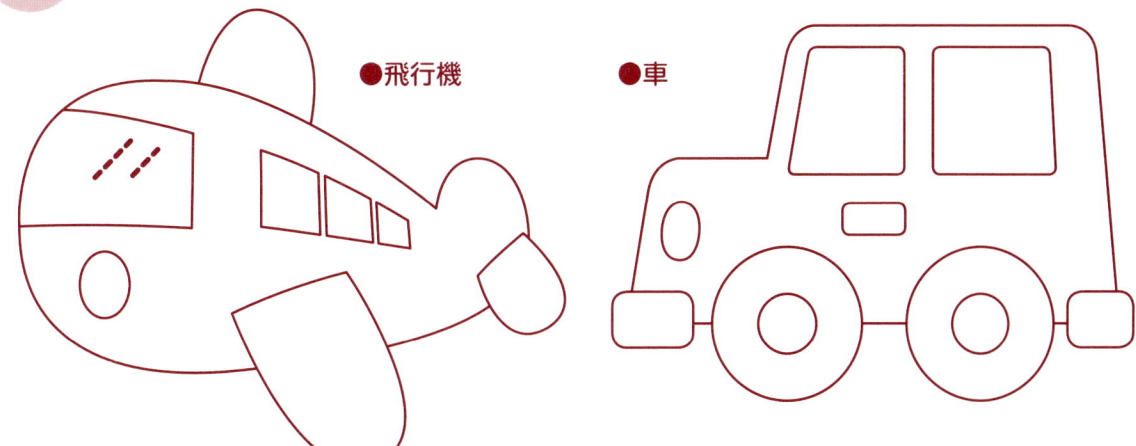

●飛行機　　●車

101

おもちゃ p.42 ぽっとんカンカン

●チョウ

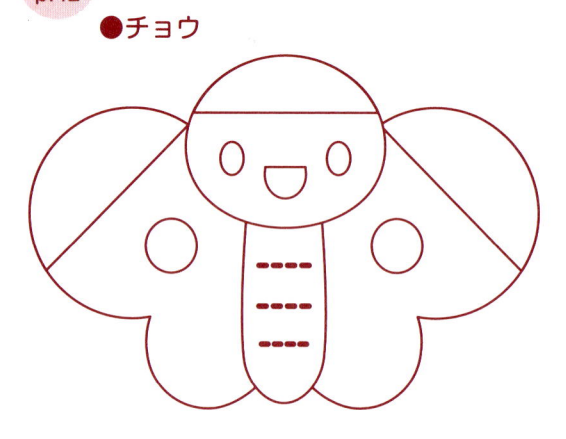

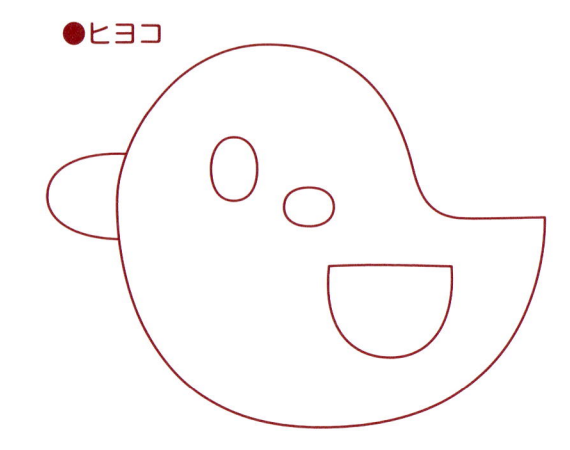

●ヒヨコ

おもちゃ p.47 ころころボトル　※本書で紹介している実物大です。

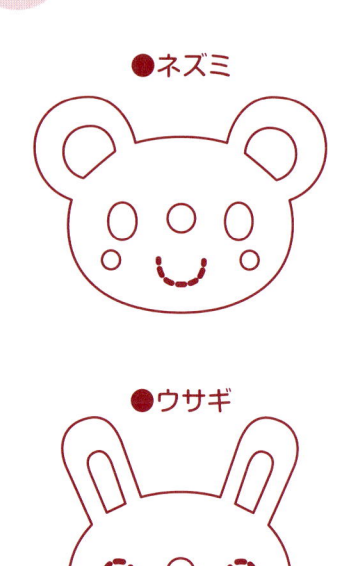

●クマ

●ウサギ

おもちゃ p.48~49 ボールチューブ　※本書で紹介している実物大です。

●ネズミ

●ウサギ

102

おもちゃ くるりんリング
p.52~53

●サル

●コアラ

おもちゃ パタパタボックス
p.58

●イヌ

●ネコ

●ウサギ

（骨）

（魚）

（ニンジン）

103

おもちゃ パカッとボックス
p.60~61

●機関車

●プレゼント

104

●卵＆ヒヨコ

●イヌ

●お弁当

105

おもちゃ 引っ張りくるくる
p.66~67

●空　●道　●花

おもちゃ くるくるお魚
p.68

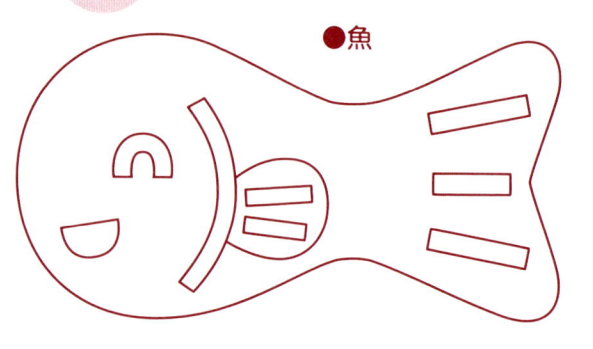

●魚

おもちゃ 巻き巻きおもちゃ
p.69

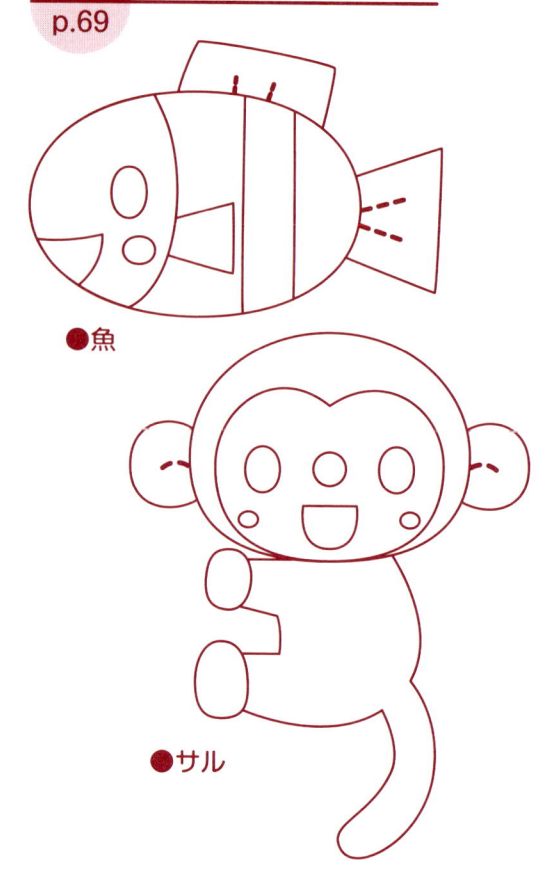

●魚

●サル

おもちゃ のびのびさん p.74

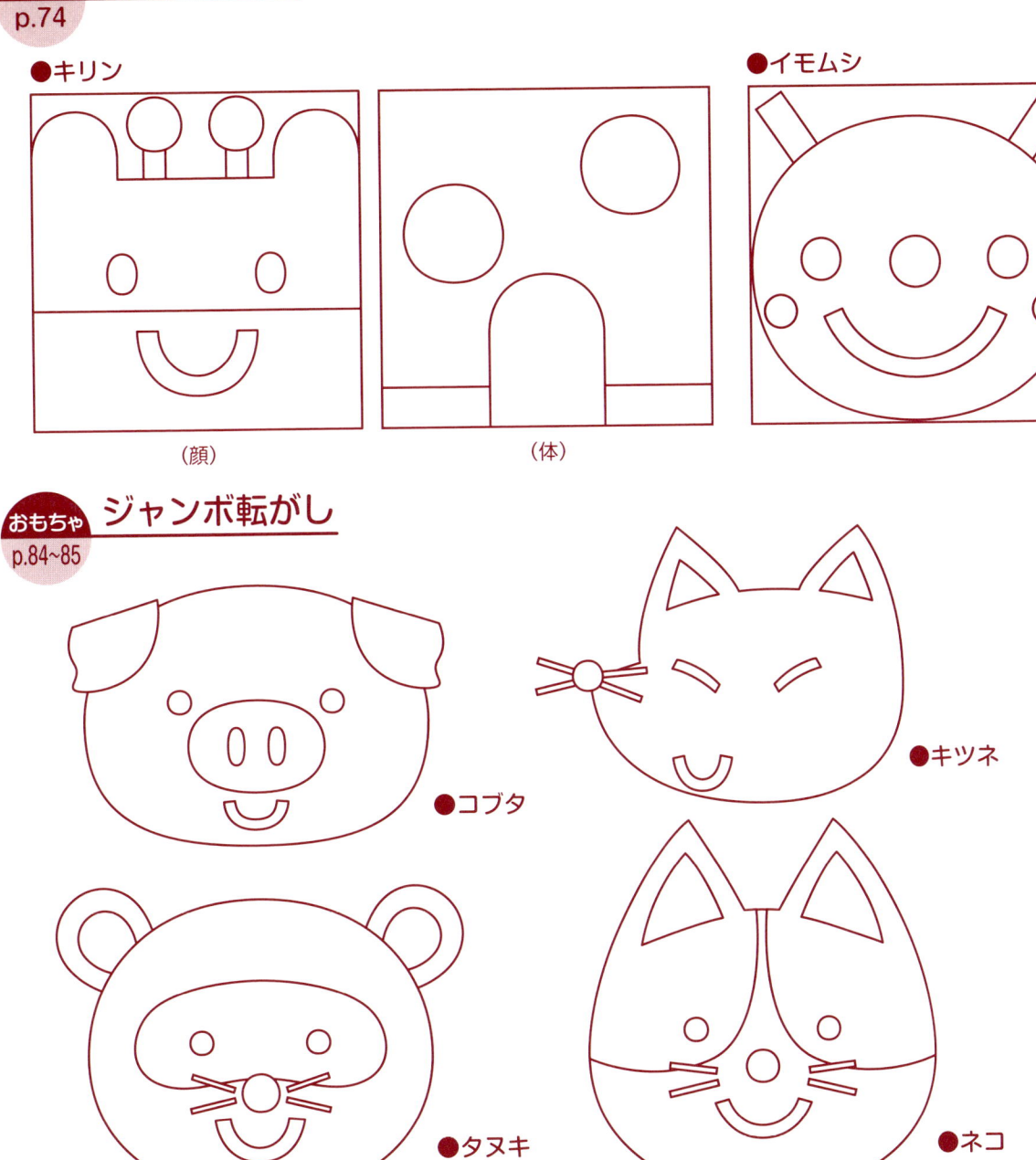

●キリン

（顔）　（体）

●イモムシ

おもちゃ ジャンボ転がし p.84~85

●コブタ

●キツネ

●タヌキ

●ネコ

107

おもちゃ ジャンボ転がし
p.84~85

●ライオン

●しっぽ

●星

●花

108

おもちゃ 動物さんスティック
p.86~87

●ネコ

●ウサギ

●カエル

●クマ

●イヌ

109

おもちゃ p.88~89 お弁当並べ

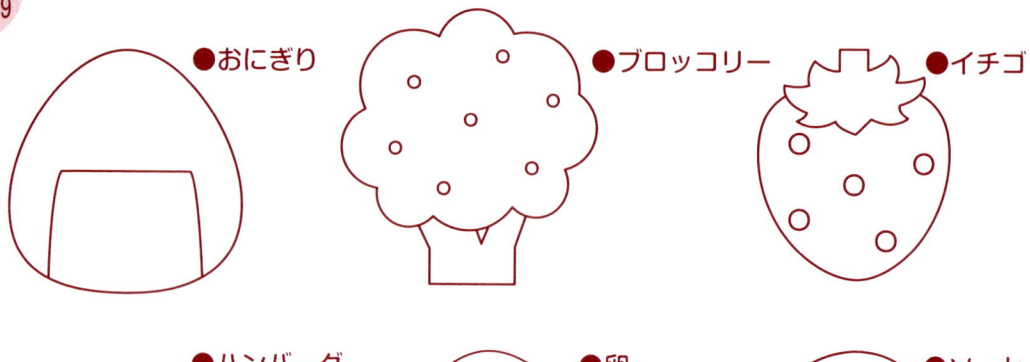

●おにぎり　●ブロッコリー　●イチゴ

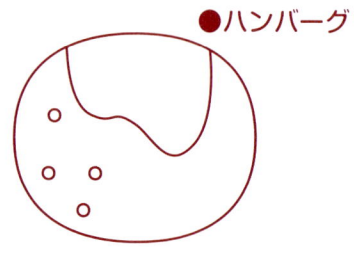

●ハンバーグ 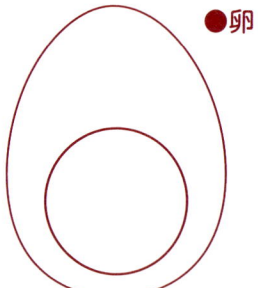　●卵 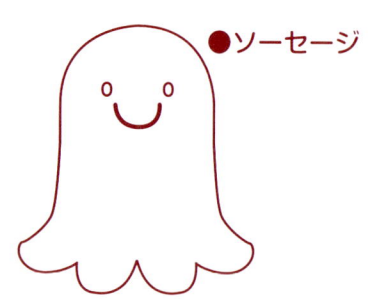　●ソーセージ

おもちゃ p.90~91 段々ボックス

●クマ　●ウサギ

●サル　　●ネズミ　　●カエル

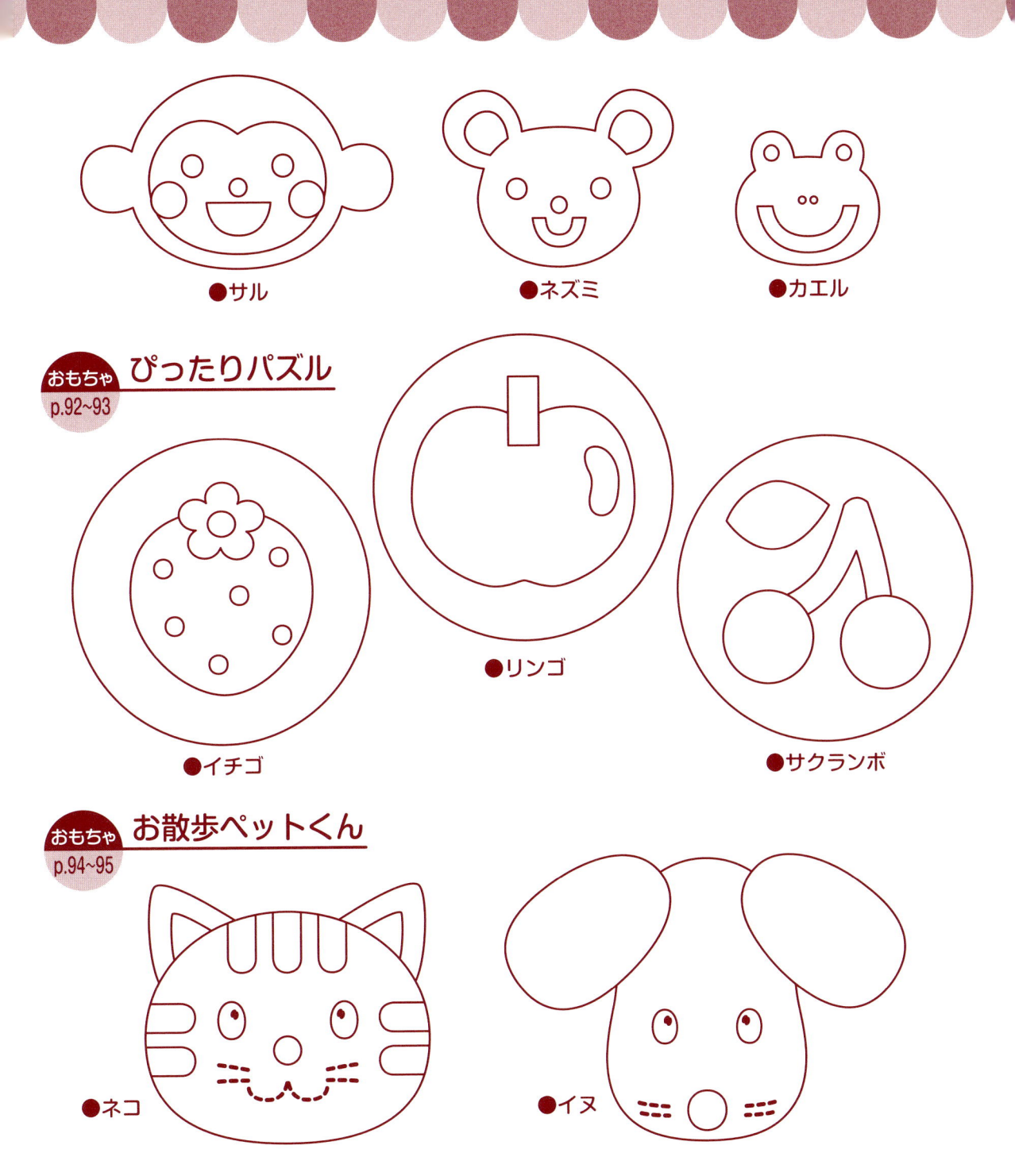

おもちゃ p.92~93　ぴったりパズル

●イチゴ　　●リンゴ　　●サクランボ

おもちゃ p.94~95　お散歩ペットくん

●ネコ　　●イヌ

111

編著

「あそびと環境0.1.2歳」編集部
リボングラス

執筆

あそびプラス１／犬飼聖二　高崎温美（あそび工房らいおんバス）

Staff

- ●表紙・カバーデザイン・イラスト／長谷川由美
- ●本文デザイン／長谷川由美　玉本郷史　千葉匠子
- ●製作／浅沼聖子　池田かえる　小沼かおる　くらたみちこ　たけなかさおり　やべりえ　渡辺清
- ●イラスト／やまざきかおり　イシグロフミカ
- ●作り方イラスト／高橋美紀
- ●型紙トレース／千葉匠子
- ●おもちゃアイディア／リボングラス
- ●撮影／グッドモーニング（戸高康博　櫻井紀子）
- ●モデル／クラージュ・キッズ　スペースクラフト・ジュニア
　　　　　赤羽橙子　芦川翔　桂正宗　野尻歌乃
- ●編集協力／中村美也子
- ●編集制作／リボングラス（篠崎頼子　若尾さや子）
- ●校閲／草樹社